优 秀 成 绩 必 读

让我成为超强语文学习高手

主编　赵敏舒

U0845523

天津科学技术出版社

图书在版编目（CIP）数据

让我成为超强语文学习高手/赵敏舒主编.——天津
：天津科学技术出版社，2010.10
（优秀成绩必读）
ISBN 978-7-5308-5982-7

I.①让… II.①赵… III.①语文课—学习方法—中
小学 IV.①G634.303

中国版本图书馆CIP数据核字（2010）第207964号

策划编辑：郑东红
责任编辑：张 跃
责任印制：王 莹

天津科学技术出版社出版
出版人：蔡颢
天津市西康路35号 邮编：300051
电话：（022）23332399（编辑室） 23332393（发行部）
网址：www.tjkjcbs.com.cn
新华书店经销
北京楠萍印刷有限公司印刷

开本 787×1092 1/16 印张 15 字数 200 000
2010年11月第1版第1次印刷
定价：29.80元

快乐学习　天天百分

“未来的文盲，不再是不识字的人，而是没有学会怎样学习的人。”是的，在当下这个“来不及学习”的知识经济时代，学习将贯穿于人的一生的始终，如果抓不住学习能力这把万能钥匙，接踵而来的各学科领域的学习无疑是戴着枷锁的囚行。

这其中的种种我们深谙其中利害，可是我们的孩子并不买账：“最讨厌学习了”、“我学了，成绩不好没办法”、“学习能力，什么意思”……难题来了，怎么让孩子自主学习，掌握高效的学习方法，提高学习能力呢？《优秀成绩必读》让您可以优雅地对孩子说，这里，有创造奇迹的力量，我的宝贝也可以四两拨千斤，获得理想的成绩。丛书分为五册，分别从语文学习、数学学习、英语学习、思维训练和学习途径对孩子的整体学习进行指导和帮助，最大限度地提高其学习能力，让学习成为一件高兴的事，至少是不讨厌。

所有孩子的学习状况都可以分为下面三个类型：爱不爱学习、会不会学习和能不能学习，只不过大多数孩子是两种或三种的混合体。爱不爱学习是学习态度、学习情绪、学习兴趣、学习动机的问题；会不会学习是学习行为、学习方法和学习习惯的问题；能不能学习是孩子智力因素、非智力因素和知识储备问题。一个孩子只有爱学习、会学习、能学习三方面均衡发展，才可能在学习上成为优秀的孩子。我们可以很容易地将自己的孩子对号入座，了解症结才能对症下药，而药方精华都浸入丛书的涓涓细流中。

“兴趣是最好的老师”，对于不爱学习的孩子，需要激发他们的学习兴趣和主动性，让他“爱学”。丛书将知识揉掺于故事或趣闻之中，将语文、数学、英语三大基础学科的知识点有趣地传递给孩子，潜移默化中俘获一颗倔强懵懂的心，学习是快乐的。

对于不会学习的孩子，则是学习方法与能力的改善问题。方法不对，付出自然不等于回报。好的学习方法，可以事半功倍。丛书从多个角度详细介绍各种行之有效的学习方法，供孩子们拣选。对于不能学习的孩子，就要从智力因素、非智力因素和知识储备等方面进行提升。更多的情况下，此类型可以融入前两种情况里。只要找到原因，问题都是能够得到解决的。

学习和玩同样是事情，能玩好就能学好，玩有玩法，学有高招。高手学习，与高智商没有关系，而是习惯性使用多种学习技巧和方法。掌握高效的学习方法，轻松成为学习高手，你也可以领先一步！

目录

CONTENTS

字词

句子

修辞

标点符号

目录

CONTENTS

文学载体

阅读

作文

趣味语文

名人名言

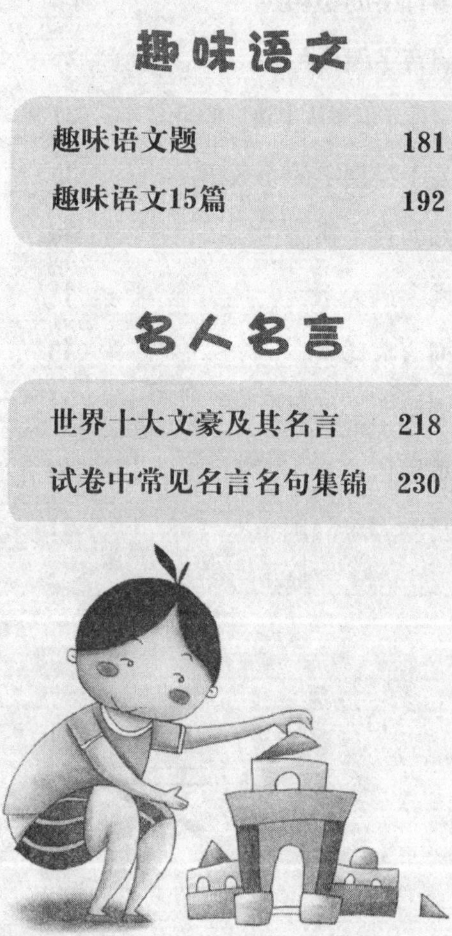

字词

有关拼音的小故事

表妹是安徽人，说话方言味十足。一天我带她去逛街，她一下就被路边的陶瓷小人吸引住了，拉着我的手说要买瓷（chi）娃娃。摊贩随手拿了一个吹笛子的小男孩递给她。可表妹却把嘴一撅，伸手指向别处喊道：“我要那（lɑ）个女（lü）孩。”摊贩眉头一皱：“小姑娘，这些都是（si）用泥土做的陶瓷（chi）小人，没有铝的啊。”表妹摇着我的手问：“磊磊（neinei）姐，桃吃什么样的小人啊？”望着一脸迷惑的两个人，我一脸苦笑。谁能帮帮我啊？一个l、n不分，一个平卷舌不分。没几分钟的时间，周围就站了好多看热闹的人。各种口音的人操着让人

头疼的方言，在嘲笑别人的发音。男孩女孩变成了“蓝孩”和“铝孩”。陶瓷小人变成了桃吃小人。蓝天白云也变成了南天白云。我无奈地摇摇头，用标准的普通话帮他们传达了他们的内容，表妹和卖陶瓷娃娃的摊贩都不好意思地笑了。只是一个细小的发音的错误却让意思发生了如此大的改变。

逛街回来后，表妹再也不闹着让我带她出去玩了，像模像样地坐在电脑前，认真地跟着电脑软件里标准的发音练起了普通话。还别说，这小家伙进步飞快，一个假期的时间，就甩掉了乡音。听说回学校后，老师和同学都夸普通话说得好，她还成了班里同学的义务小老师呢！

声母

同学们，你们喜欢儿歌吗？我们一起来学一首好听的儿歌，来记住常用的声母吧！

拉出天线听广播，
像个6字 bbb，
右下半圆 bbb，
9字反写 ppp，

两个门洞 mmm，
fó fó fó，
我有一尊大肚 fó，
圆圆脑门圆肚皮，

成天乐得笑呵呵。
伞柄朝上 f f f。
左下半圆 d d d。
伞柄朝下 t t t。

一个门洞 nnn，
一扇小门 nnn，
像只小凳 nnn，
倒放茶杯 nnn。

一根小棒 l l l。

一群白鸽 g g g，

鸽子花环 g g g，

9字加勾 g g g。

一群蝌蚪 k k k，

像挺机枪 k k k。

像把椅子 h h h。

鸡吃小虫 j j j，

竖弯加点 j j j。

气球拖线 q q q，

左上半圆 q q q，

像个9字 q q q。

刀切西瓜 x x x，

像个叉叉 x x x。

冬冬写字 z z z，

像个2字 z z z。

小小刺猬 c c c，

半个圆圈 c c c。

蚕儿吐丝 s s s，

半个8字 s s s。

小冬冬，爱写zì，

写个2字像个 z；

小cì猬，长满cì，

cì个红果回家吃。

一轮红日 r r r，

小苗发芽 r r r。

韵母

同学们，前面我们学习了声母。有谁知道声母一共有多少个？我们知道，拼音是由声母、韵母和音调构成的，那么哪个小朋友知道，汉语拼音中一共有多少个韵母？今天我们就一起来学习一下韵母的知识，让韵母排队报数，我们记录。

一、韵母的定义：一个音节声母后面的部分叫韵，用来表示韵的字母叫韵母。

二、韵母的分类：

单韵母： a o e i u ü

复韵母： ai ei ui ao ou iu ie üe er

an en in un ün （前鼻韵母）

ang eng ing ong （后鼻韵母）

三、韵母歌

报完数的24个韵母排排站，我们一起唱

着儿歌来点名：

医生看病 a a a；　　公鸡打鸣 o o o；

一只大鹅 e e e；　　漂亮衣服 i i i；

树上乌鸦 u u u；　　一条小鱼 ü ü ü；

排队的时候挨ai着站zhan，回应招呼答声唉ei；

我们一起去开会hui，点到名字喊声到dao；

我们都dou是好宝宝，去看秋qiu叶和月yue亮liang。

白云yun飘飘，轮船轰轰hong。

一只老鹰ying，轻轻飞过，

哼heng着歌儿，与我们做伴。

知识链接 ZHI SHI LIAN JIE

由一个元音构成的韵母叫单韵母，又叫单元音韵母。单元音韵母发音的特点是自始至终口型不变，舌位不移动。普通话中共有五个单元音韵母：a、o、e、i、u、ü 。

a发音时，口腔打开，舌头前伸，舌位低，舌头居中，嘴唇呈自然状态。如“沙发”、“打靶”的韵母。

o发音时，口腔半合，舌位半高，舌头后缩，嘴唇拢圆。如“波”、“泼”的韵母。

e的发音状况大体像o，只是双唇自然展开呈扁形。如“歌”、“苛”、“喝”的韵母。

i发音时，口腔开度很小，舌头前伸，前舌面上升接近硬腭，气流通道狭窄，但不发生摩擦，嘴角向两边展开，呈扁平状。如“低”、“体”的韵母。

u发音时，口腔开度很小，舌头后缩，后舌面上升接近硬腭，气流通道狭窄，但不发生摩擦，嘴唇拢圆呈一小孔。如“图书”、“互助”的韵母。

仓颉造字的传说

有一次，黄帝军队与蚩尤军队交战，打得难分难解。黄帝准备改变战术，就让仓颉把作战图拿来。仓颉一摸，发现身上带的作战图早已丢失，黄帝又气又急，只好暂时收兵回营。

黄帝对仓颉说：“你是我身边最聪明的一位大臣，怎么能在打仗的生死关头把作战图弄丢了？这是多大的过错！”仓颉回答说：“黄帝，如今人多事杂，又要经常打仗，用结绳记事、刻木为号的传令办法已难以应付，照这样下去以后还会出更大的乱子。”黄帝问：“那该怎么办？”仓颉说：“要是有一种图，天下人一看就能明白是什么意思。用这种图把您要说的话画出来，人们就都会按照您的意思去做。”黄帝觉得他说的很有道理，便说：“好吧，今后你就不要随军打仗了，留下

来给咱们画图造字吧！”

这下可把仓颉难住了。图和字怎么造呢？他整天苦思冥想，半年过去了，眼看已到冬天，仓颉还没有想出造字的办法来。一天夜里下了一场大雪，仓颉一早起来到山上去打猎，只见满山遍野白雪皑皑，山川树木全被大雪覆盖。仓颉在山上转了一圈，也没见到一个猎物。他正准备下山回去的时候，突然从树林里窜出来两只山鸡，在雪地上觅食。山鸡走后，在雪地上留下了两行长长的爪印。接着，又有两只小鹿也窜出树林，看到人的地方撒腿跑掉了，雪地上又留下了小鹿的蹄印。仓颉看得出神，把打猎的事早已忘得一干二净。他把山鸡的爪印和小鹿的蹄印一对比，发现形状不一样。于是他想，把鸡爪印画出来就叫鸡，把鹿蹄印画出来就叫鹿。世界上的任何事物，只要把它的形象画出来不就成了字吗？仓颉回去后就把他的这个想法报告给了黄帝。黄帝听后笑着说：

“我说过，你是个聪明人，果然不出所料。好吧！你就把天下的山川日月、飞禽走兽，都按照象形造出字来，我再颁布天下。”

从这以后，仓颉每日仰观日月星辰，俯察鸟兽山川，创造象形文字。不久，人、手、日、月、星、牛、羊、马、鸡、犬这些字都造出来了。可是象形文字越造越多，该往哪里写呢？写在石板上拿不动，写在木板上太笨重，写在兽皮上也不合适，这又把仓颉难住了。一天，有个人在河边捉住一只大龟，前来请仓颉给它造字。仓颉把龟细看了一遍，发现龟背上有排列整齐的方格子，便按照龟的形状，造了个“龟”字；然后又把字刻在龟背上的方格子里。龟由于背上刻字感到疼痛，乘人不防时，爬进河里去了。三年后，这只背上刻字的龟，在另一个地方又被人捉住。人们告诉仓颉，刻在龟背上的字不但没有被水冲掉，而且还长大了，字迹也更明显……

从此以后，仓颉就命人捉到龟把龟壳都取下来，把所有象形字都刻在龟壳的方格子里，然后用绳子串起来，送给黄帝。黄帝看了很高兴，命人好好收藏，并给仓颉记了一大功。

就是从这时候起，开始有了中华民族最早的象形文字和甲骨文。

汉字的特点及演变

同学们，你们能说出几种字体？你们知道这些字体是怎么演变而来的吗？汉字经过了6000多年的发展，它演变的过程是样的？大家一定很好奇吧？那我们就一起来看看汉字的演变历程：

甲骨文 → 金文 → 小篆 → 隶书 → 楷书 → 行书

（殷商）（周）（秦）（汉）（魏晋）

汉字的演变过程，可以简略归纳为五个阶段：声、形、象、数、理。

“声”是任何一种语言的必要组成部分。在遥远漫长的太古时代，人类从本能的哭声、笑声或模仿大自然的鸟鸣、虫叫、兽吼、风声、雷声、雨声……中逐渐分化出具有一定意义、代表一定事物的“声音”，这就是语音的进化。例如：“ma、ba”用于代表“妈、爸”，可能是从哭声“啊……”中分化出来的。语音进化到现代，已经是一个

十分复杂的系统，汉语中大约有1600种声音。语音的分化必定有其自身一定的规律，从现代语言中可以分辨出一些线索。例如：

鹅、鸡、鸭、猫等家禽和家畜可能是依据其叫声而定名的。

哈、喔、嘘、哎唷等声音是直接表示人类在不同情绪下的自然发声。

五→午、苗→渺、木→目等音相通，意相联。

“形”是语言的第二个重要组成部分，但不是必要的。在远古时代人类面临的主要是生存和种族延续问题。在与大自然和猛兽毒蛇等的斗争过程中，有时需要用“形”或“画”来表示事物。例如：外出狩猎，为了不迷路，人们可能在岩石或树干上做一些标记。人类在狩猎时，也注意观察野兽的

足迹，以辨别出野兽的特性。另外，人类也可能出于对神秘大自然的崇拜或对美的事物的追求，在岩洞壁上画上日、月、人、山、木、动物、祖先等图形。

“象”是创造汉字和《易》说理预事的主要方法。“日、月”等属于象形文字，是造字的基本部件。这些基本部件相互组合，产生出各种各样的“象”，创造出更多的字。基本部件和字还可以进行更高层次的组合，产生用于表示各种事物、各种意思的诸多文字。

“数”的概念是人类在长期进化过程中逐渐形成的。人类首先掌握的数的概念可能是“无”和“有”。没水喝会渴，没东西吃就会饿。“有→月”字中的“𠂇”表示手，“月”表示肉。“有”字原意“手下有肉”，有肉吃就不会挨饿。后来，“有”进一步分化形成“一、二、三、多”等数的概念。

“理”是“象、数”的扩展。汉字外延的演变主要是通过“理”来扩大的，即相“象”的事物，“理”也相通。例如：“明”的本意是明亮，延伸出“眼睛看得清楚、心里明白、事情变得明显等”。

杨修认字

曹操虽然是一个有能力的领导者，但是也免不了有心胸狭窄的弱点。虽然他成就了一番大事业，但也因其狭隘，而葬送了手下一些杰出的人才。最突出的例子，莫过于大家耳熟能详的曹操与杨修的故事了。

杨修为人恃才傲物，屡屡遭受曹操的嫉妒。有一次工匠们为曹操建了一座花园，曹操看过之后没说什么，只取笔在大门上写了一个“活”字就走了。大家都不明白这是什么意思，只有杨修说道：“门字里面填一个“活”字，就是一个阔字，丞相是嫌大门建造得太阔了。”于是工匠重新修建了大门，又请曹操来看。曹操看过之后非常高兴，问道：“是谁知道我的心意？”旁边的人说是杨修，曹操嘴上称赞杨修聪明，但是心里却很嫉妒。

又有一次，塞北有人送来一盒酥，曹操在盒子上写了“一合酥”三个字，把盒子放在案上。杨修看见了，就拿勺子和大家把酥

分着吃了。曹操问他原因，杨修说道：“盒子上明明写着一人一口酥，我怎敢违抗丞相的命令。”曹操哈哈笑了起来，但是心里十分讨厌杨修。

曹操是个聪明的人，但杨修却能读懂他心中所想，足见其聪明过人。面对如此聪明的人才，曹操表面上高兴，可心里却非常讨厌，由此可见他的心胸狭窄，同时也为杨修后来的悲剧结局埋下了伏笔。最终杨修被曹操所杀。

知识链接 ZHI SHI LIAN JIE

从结构上看，汉字可以分成独体字和合体字两大类。

由一个构字成分组成的汉字就是独体字；由两个以上构字成分组成的汉字就是合体字。

按照传统的“六书”理论：象形字和指示字都是独体字；会意字和形声字都是合体字。传统汉字中的合体字通常是采用“二分法”分析结构方式的。形声字分成形符和声符两部分；会意字中的绝大多数也都是二分的，只有少数会意字使用了三个偏旁会意。因此，一般讲到汉字的结构方式时，就采用二分法进行归纳，会得出下列四种主要结构方式：

1.独体结构：千万为文

2.左右结构：信任明确

3.上下结构：全息雷轰

4.全包围、半包围结构：国团围圈

书法家的小故事

颜真卿是唐代的著名书法家。为了学习书法，颜真卿起初向褚遂良学习，后来又拜在张旭门下。张旭是唐代首屈一指的大书法家，各种字体都会写，尤其擅长草书。颜真卿希望在这位名师的指点下，很快学到写字的窍门，从而一举成名。但拜师以后，张旭却没有透露半点书法秘诀。他只是给颜真卿介绍了一些名家字帖，简单地指点一下字帖的特点，让颜真卿临摹。有时候，他带着颜真卿去爬山，去游水，去赶集、看戏，回家后又让颜真卿练字，或看他挥笔疾书。

转眼几个月过去了，颜真卿没有得到老师的一点书法秘诀，心里很着急，他决定直接问老师。

一天，颜真卿壮着胆子，红着脸说："学生有一事相求，请老师传授书法秘诀。"

张旭回答说："学习书法，一要'工学'，即勤学苦练；二要'领悟'，即从自然万象中接受启发。这些我不是告诉过你很多次了吗？”

颜真卿以为老师不愿传授秘诀，又向前一步，施礼恳求道：“老师说的‘工学’、‘领悟’，这些道理我都知道了，我现在最需要的是老师行笔落墨的绝技秘方，请老师指教。”

张旭耐着性子继续开导颜真卿：“我是见公主与担夫争路而察笔法之意，见公孙大娘舞剑而得落笔神韵，除了苦练就是观察自然，没有什么别的诀窍。”

接着他给颜真卿讲了晋代书圣王羲之教儿子王献之练字的故事，最后严肃地说：“学习书法要说有什么秘诀的话，那就是勤学苦练。要记住，不下苦功的人，不会有任何成就。”

老师的教诲，使颜真卿大受启发，并真正明白了为学之道。从此，他扎扎实实勤学苦练，潜心钻研，从生活中领悟运笔神韵，进步很快，终于成为一位大书法家，名列四大书法家之首。

知识链接 ZHI SHI LIAN JIE

“书法”二字，简单地说，便是写字的方法。由于中国的汉字不同于其他国家或民族的文字，其字形由象形文字起源，在数千年文明发展史上，经历了有代表性的甲骨文、金文、小篆、隶书到楷书等各个阶段的演变，形成了形、音、义密切配合的现代简化汉字。因此，中国人所说的“书法”，是指中华文化中特有的一门有历史、有规范、有演变、有创造、有很高艺术内涵的艺术门类。

王羲之写字换鹅

王羲之是我国东晋时期的大书法家。他出身士族，加上他才华出众，朝廷中的公卿大臣都推举他做官。他做过刺史，当过右军将军（人们也称他王右军）。王羲之从小喜爱写字，据说平时走路的时候，也随时用手指比划着练字，日子一久，连衣服都划破了。经过勤学苦练，王羲之的书法越来越有名。当时的人都把他写的字当宝贝。据说有一次，王羲之到一个村子去，有个老婆婆拎了一篮子六角形的竹扇在集上叫卖。那种竹扇很简陋，没有什么装饰，引不起路人的兴趣，看样子卖不出去了 ，老婆婆十分着急。

王羲之看到这情形，很同情那位老婆婆，就上前跟她说：“你这竹扇上没画没字，当然卖不出去。我给你题上字，怎么样？”老婆婆不认识王羲之，见他这样热心，就把竹扇交给他写了。王羲之提起笔来，龙飞凤舞地在每把扇面上都写了五个字，然后还给老婆婆。老婆婆不识字，觉得

他写得很潦草，很不高兴。王羲之安慰她说："别急！你告诉买扇的人，说上面是王右军写的字。"

王羲之一离开，老婆婆就照他的话做了。集上懂书法的人一看真是王右军的书法，都争抢着来买。一篮竹扇很快就卖光了。

知识链接 ZHI SHI LIAN JIE

书法三要素：笔法、结构、章法。

一、笔法

习字用笔，因习惯不同，只要在运、行笔过程中方便自如即可，不一定非要一一纠正。但在教学实践过程中，要注意培养那些执笔、用笔不规范的同学在书写运笔过程中笔锋的起收、提按、顺逆、中侧、转折、顿挫、徐急、藏露、展收、方圆等的综合把握能力，让其比较不同执、行笔的优劣。自古习字，首重用笔。

二、结构

唐代大书法家孙过庭在其《书谱》中说“至于初学分布，但求平正；既知平正，务追险绝；既能险绝，复归平正”，这里对于书法结构中的“平正”和“险绝”的辩证关系论述得很精辟，说明了学书者由浅而深、由简单模仿到运用自如的客观过程。

三、章法

学会了笔法与结构，还要解决整幅书法作品的章法问题，即绘画上所称的“经营位置”。

多音字的小相声

同学们，你们喜欢听相声吗？想不想自己演一段小相声呢？参照下面的剧本，找个搭档一起表演个相声给大家，告诉其他人要注意学好多音字。

甲：我学汉语已经三年了。

乙：那你的汉语一定说得不错！

甲：看还可以，说不行，我最怕念课文。

乙：为什么？

甲：汉语里多音字太多了！好多字都有两个读音，一不留神就念错。

乙：是吗？

甲：比如咱俩说相声。“说相声”三个字，就有两个是多音字：“说”字还有一个读音念shuì，“相”字又念xiāng，“声”字还要念轻声，要是不懂啊，就念成“shuì xiāng shēng”了，你说人家能听懂吗？

乙：是听不懂。

甲：不光听不懂，有时候念错了，还会

让人产生误会。比如说这段话：“大家都别说了，该我说了，我就说一会儿，我说完你们大家再说。”要是把这段话里的“说”字念成shuì，那就麻烦了。

乙：怎么呢？

甲：大家都别shuì了，该我shuì了，我就shuì一会儿，我shuì完你们大家再shuì。

乙：好嘛！就许他一个人睡觉！

甲：有几对多音字我就老分不清。

乙：哪几对？

甲：一对是“藏”的“藏（cáng）”和“西藏”的“藏（zàng）”。上次我念一段相声：“小王，好久没露面了，你藏（cáng）哪儿了？我当你去西藏（zàng）了，闹了半天，你藏（cáng）这儿啦！”

乙：你怎么念的？

甲：我不会念哪，全念反了：“小王，好久没露面了，你zàng哪儿了？我当你去西cáng了，闹了半天，你zàng这儿啦！”

乙：嘿！给活埋啦！

甲：还有一对是“自行车”的“行（xíng）”和“银行”的“行（háng）”。上次考试，老师给了我一段话。

乙：哪段话？

甲：“我骑着自行（xíng）车，来到人

民银行（háng）见了行（háng）长，我给他行（xíng）了个礼。”

乙：嗯！这段话里又有xíng，又有háng。

甲：本来这段话我会说，可考试的时候一紧张，我全念错了。

乙：怎么错的？

甲：我骑着自háng车，来到人民银xíng，见了xíng长，我给他háng了个礼。

乙：这都是什么呀！

甲：多音字学多了，我也慢慢摸着一点儿规律。

乙：你摸着什么规律啦？

甲：我发现，“中华”的“华”，“城区”的“区”，“菜单”的“单”，“仇恨”的“仇”，这都是常用字吧，可它们都还有一个不常用的读音。

乙：它们还念什么？

甲：在做姓的时候，“华（huá）”念huà，“区（qū）”念ōu，“单（dān）”念shàn，“仇（chóu）”念qiú。

乙：还真是这样。

甲：后来我就摸着了这条规律，一看到有常用字做姓的时候，我就想：会不会有别的读音啊？一查字典，还真发现一些多音字。

乙：你很会总结经验啊！

甲：你还夸我呢？我倒霉就倒霉在这上头了！

乙：怎么啦？

甲：上学期期末考试，有一位老师到我们班监考。我从课表上知道，这位老师姓石，“石头”的“石”。考试的时候，我有问题想问老师，刚要张口，忽然想起这“石”字还有一个不常用的读音，念dàn，对，这dàn一定是姓，于是我就叫：“石（dàn）老师——”

乙：好嘛！老师成鸡蛋啦？

甲：这一下教室里笑翻了天。那老师一生气，以为我是故意捣乱，把我的考卷拿走了，你说我冤不冤哪！

乙：那怪谁呀！

同音字趣谈

一字之差

从前有位姓王的农民，大家都叫他老王。老王看别人外出做生意发了财，也带上儿子去外乡做生意，留下婆媳二人在家种地。几个月以后，父子俩的生意越做越大，他俩忙不过来，于是雇了一个帮手。

有一天，老王的一个同乡要回家探亲，父子俩已经半年没回家了，也很想家，可生意又忙，一时走不开，就写了一封信，托这位同乡带回去。这位同乡走到老王家的村口，遇见了老王家的邻居老李，便把信递给老李，请他转交给老王的老伴，自己匆匆赶路回家去了。

王家婆媳俩都不识字，就请老李念信。

老李看完信，神情不太对头。婆媳俩就追问他，信上到底讲了什么？老李没办法，只好说："生意倒很兴隆，就是死了一个人啊。"婆媳俩一听，不知死的是老的还是小的，二人一齐先声痛哭。

几天后，那位同乡要返回原地，路过老王家，听见屋里女人痛哭不止，一问别人，才知道他家死了人。他想，我得快点去告诉王家父子。

老王和儿子听说家里死了人，哪里还有心思做买卖，就把生意低价转让给了别人，连夜赶奔回家。

到了家里，只见婆媳二人，身穿白色孝服，还在哭哭啼啼。老王一看二人都在，忙问："好好的，怎么说死了一个？"媳

妇说："是公公你自己在信上写的死了一个人。"老王拿过自己写的信一看，目瞪口呆，原来信中写道："……生意很兴隆，人手不足，故了一人……"

原来老王把"雇"写成了"故"，"故"有"死亡"的意思，如"病故"，"故世"等等。一字之差，把他们折腾得死去活来，连好端端的生意也失掉了。错别字真是害人不浅。

错别字有两种：一种是错字，一种是别字。错字是把字形写错的字，如把"步"写成"步"；别字是把甲字写成了乙字，多数别字是误用了同音字。如把"刻苦"写成了"克苦"。故事中的老王就是写了别字。

还有一个故事说，清朝有一位朝廷大官的亲戚不学无术，参加科举考试写不出文章，却在试卷上写道："我是某某大人的亲妻"。他连"戚"也不会写，把"亲戚"写成了"亲妻"，他希望考官看在他亲戚的面子上，照顾他，录取他。考官是一个正直的人，他在考卷上也批了一行字，并且将错就错，也用了一个别字："所以我不敢娶"。考官故意用娶亲的"娶"来借代录取的"取"，颇有幽默感。

琵琶和枇杷

汉字的同音字很多。例如：工、公、攻、功、躬、恭，都念gōng；菱、陵、零、铃、龄、翎，都念líng。它们的字形和字义都不同，若以音写字，就会写出别字。“琵琶和枇杷”，讲的就是写别字的问题。

琵琶是乐器，枇杷是水果。怎么会连在一起呢？有一则笑话，说的就是这个问题。

从前有个人给县令送去一筐枇杷，附了一封短信，写道：“敬赠琵琶一筐……”当时县令正与几位朋友闲聊，他们打开筐子盖一看，看见筐子里装的不是琵琶，而是枇杷。县令觉得好笑，随口吟了两句：“枇杷不是此琵琶，只恨当年识字差。”在场的客人中有位才思敏捷的人，立即接着吟道：“若是琵琶能结果，满城笛子尽开花。”屋里的人们一听，立即哈哈大笑。

为什么会写别字呢？一方面由于写字的人态度欠认真。另一方面也因为汉字的同音字多。像“琵琶”和“枇杷”读音相同，字形不一样，字义也不同。很早以前，“琵琶”也曾写作“枇杷”。自从唐宋以后，人们就不再把“琵琶”写作“枇杷”了，两个

词有了明确的区分。今天我们就不应该再闹“琵琶和枇杷”的笑话了。

巧用同音字

张三和李四，玩对对子游戏。张三出对句说：“两碟豆。”李四想了想，就以“一瓯油”相对。李四的对句本来不错，对仗工整，平仄协调。张三却巧辩说：“你理解错了，我出的是蝴蝶的‘蝶’，即‘两蝶斗’。再加两个字，就成为‘花间两蝶斗’，你想来不至于理解错吧？”想不到李四更狡猾，他说：“我根本就没有理解错，我对的是沙鸥的‘鸥’，即‘一鸥游’，加上两个字，就是‘水上一鸥游’。”两人说完，都哈哈大笑。

这里他们都巧妙地利用了同音字。这副巧妙的对联，说明了汉语词汇的丰富多采。

“秀才识字认半边”的是与非

“文化大革命”时期，盛行“外行领导”。某大报主编对众人讲话，把“墨西哥”错念成“黑西哥”。听众大笑。主编生气说：“墨”也是“黑”的，有什么可笑，你们“吹毛求庇”！

中国有句俗话说“秀才识字认半边”。这主要是对形声字说的。意思就是从形旁可以认识字的意思，从声旁可以念出字的读音。这句俗话不完全对。为什么呢?

比方说，一个“湘”字：看字的右半边“相”，知道它的读音，看字的左半边知道它的意义跟水有关，是水的名称（湘水、湘江）。乍看起来，这种“识字认半边”的方法还挺方便，可以推而广之。这样，汉字不是很容易学的吗?

然而，汉字从古到今，无论字形、字音、字义，都有了很大的变化，这些变化决不是三言两语能说清楚的，必须用文字学、音韵学、训诂学的专门理论来作科学的解

说。而使用汉字的人不可能都是文字学家、音韵学家、训诂学家，因此，对于今天的“秀才”来说，读汉字的半边，不一定能读出正确的字音来，望另外半边，也不一定能望出真正的字义来。如“深圳”的“圳”不读chuān。又如“板”，原来专指木板，如今“钢板、纸板、玻璃板、塑料板”的“板”都不是木头做的。那我们该怎么办呢？从形旁猜字义，形声字先有声旁后有形旁的形成规律，并不表示形旁不如声旁重要。在了解字义方面，形旁是非常重要的。有些小学生虽然认字不多，但能大概看懂生

字生词较多的小说，如《水浒传》和《西游记》等。一个奥秘就是这些小学生能结合上下文，从形旁猜出这些生字生词的大意。所以人们又说“擒贼先擒王，认字先认娘”。

养成了分析形声字的习惯，还可以少写错别字。否则就容易写错别字甚至引起误解。讲个现实生活中发生的故事：

一天，妈妈接到在农村参加劳动的女儿来信，信里写道“妈妈：最近我又搬家了，跟一个大狼睡在一个坑里。大狼对我很热情……”妈妈看了信，大吃一惊，立刻坐公共汽车到农村看女儿。到了那儿，看见女儿正跟一个大娘坐在炕上说话呢。原来女儿把“大娘”写成了“大狼”，把“炕”写成“坑”。错误都在形旁上。

难怪有人说，“秀才识字认半边”，往往造成秀才认别字，望文生义，往往生出不对头的义，甚至不知道该生什么义。

知识链接

ZHI SHI LIAN JIE

从上面的叙述可以看到，“秀才识字认半边”正确率不高。在生活和学习中，我们应该避免用“认半边字”的方法识字。当然，我们说不能“认半边字”，并不是说占汉字大多数的形声字就毫无规律可循了。其实，我们从形声这种汉字的造字法则中，还是能找出一些识字的规律的：声在形先，“声旁是生母，形旁是晚娘”。形声字的形成规律大多数是先有声旁，后有形旁，后加的形旁是为了区别意思的。

关于错别字的小故事

同学们，你们一定都写过错别字吧？因为错别字都闹出过什么样的笑话呢？把你记得的讲给大家听吧。下面也有几个因为错别字闹出的笑话，一起来看看吧。

一个女生的日记这样写道：我家周围有很多人养狗，没有一点公德，今天早晨我刚从家里出来，就看见门口有一堆不知哪条野狗拉的屎，我大吃一斤。老师评语：海量！海量！你知道问题出在哪里吗？

有一篇作文是写语文老师的，在介绍老师的外貌时，应该是“老师有一张瓜子脸”，结果同学写成“老师有一张爪子脸”，语文老师差点没疯掉。

要下雨了，农民伯伯在地里捡小表（麦）。老师评：哪里可捡？周日咱们组织一次义务劳动。

阿斗放学回家，满脸的不高兴，赵云看见了，忙问：“发什么愁啊？是不是作业太多了，没关系，我帮你写就是了。”阿斗急了：“还说呢！昨天就是你给我写的造句‘我吃了一顿饭’写成‘我吃了一吨饭’，同学们都笑我是个大饭桶！”

有一个外国人，在中国待了一段时间，自以为汉语不错。一天，他没有带翻译就一个人去逛街，逛了一天后，回到宾馆，对翻译说：“你们中国人真有自信。”翻译问：“怎么了？”他说：“我每走过几条街，就可以看见一些大牌牌，上面写着，中国很

行，中国商业很行，中国农业很行，中国建设很行，中国交通很行，中国人民很行。”

通过这些例子，我们发现仅仅一字之差就引出了天大的笑话。可见中国汉字的严谨，我们要严格要求自己，从小夯实基础，避免这些笑话在自己的身上上演。

知识链接 ZHI SHI LIAN JIE

同学们，你们对汉字基础掌握得牢固吗？有没有经常用错了同音字，或者写错了哪个字的偏旁部首，又新为国家汉办制造几个中国汉字的情况啊？如果你错得很离谱，就像上面说的开始造字，让大家都不认识这还不算难堪，最最尴尬的事情就是由于你对某个字或者某几个字掌握不好，混淆了，把一个错写成另一个，让意思发生了翻天覆地的变化，让众人捧腹，那可就尴尬了，不相信吗？上面就是几个有关错别字的真实的故事吧，希望你们在轻松一乐以后，一定也要给自己敲醒警钟。掌握好基础知识，别让“字”再为难自己。

如何查字典

同学们，我们今天来比赛查字典，看看谁查得又快又准!

现在，先教教大家查字典的最基本的方法：

一种是音序查字法。很多字典或词典是按汉语拼音字母的顺序编排的。根据一个字的汉语拼音的第一个字母，就可以在“汉语拼音音节表”中找到这个字的拼音音节在正文中的页码，再按照这个字的声调到那一页中去找。凡是要查只知道读音而不知道写法或意义的字，都可以用这种方法，但必须熟悉汉语拼音的字母顺序和汉语拼音的音节。

另一种是部首查字法。有些字典或词典是按照部首编排的，按音序编排的字典也往往附有部首检字表。查字时首先要确定这个字的部首，然后从字典的“部首目录”中查出属于这个部首的字在部首检字表中的页码，就可以按照这个字除部首以外其余部分的笔画数，从正文中找到它。有些字在检字表中分别放在不同部首下，例如“功”在“工”部和“力”部中都可以查到。凡是要查只知道写法而不知道读音和意义的字，都可以用这种方法，但必须熟悉汉字常见的部首。

还有一种是笔画查字法。凡是查读音不知道、部首又不明显的字，宜用这种方法。只要数准字的笔画，就可以在字典的“难检字笔画索引”中查到这个字在正文中的页码。

学会用各种查字法查字，是一项必备的语文基本功，要经常练习，才能熟练掌握。

知识链接 ZHI SHI LIAN JIE

同学们，你们在日常的学习中或者生活中遇到了不认识的字，或者是突然间忘记了哪个字怎么写，你会怎么办呢？是问老师？问家长?问身边的同学？或者请教高年级的哥哥姐姐？他们都会帮你解决这个困难，可是如果你身边没有人该怎么办呢？我们一天天长大，应该学会依靠自己，独立完成的好习惯。有的同学很聪明，马上就说：“我们可以自己查字典！”对了，我相信在学校老师一定都教过你们如何查字典，那么在查字典的时候我们都应该注意什么呢？试试看，你还记得多少？上面的文章就帮我们大家一起来巩固一下查字典的常识，看看我们怎样能又快又准确地在字典中找到我们要查的字或者词。

桃李满天下

“桃李满天下”是形容老师教的学生很多，遍布各地，“桃李”是学生的代称。

春秋时期，魏国大臣子质学富五车，知识广博。他因为得罪了魏文侯，就跑到北方的一位朋友家里躲避。这位朋友的家境并不富裕，子质不愿给朋友加重生活负担，便想开个学馆，收一些学生教读，借以糊口。朋友很支持他，就腾出两间空房作为教室，子质所收的学生不分贫富，只要愿学的都可以拜他为师，一视同仁。

这个学馆里有一棵桃树，一棵李子树。凡是来上学的学生都跪在桃李树下认先生。子质指着已结果的两棵树教导学生们说：“你们都要刻苦学习，要像这两棵树一样开花结果。只有学问高，才能为国家做出一番大事业。”

为了把学生教育成有用人才，子质认真教学。在他的严格管教下，学生们都发奋读书，学到了不少真本领。后来，这些学生先

后成了国家的栋梁。他们为了感念子质先生的教诲，都在自己住处亲手栽下桃树和李子树。

子质到各国游历时，碰到了在各国当官的学生，并看到了学生栽的这两种树，他自豪地说：“我的学生真是桃李满天下啊！一个个都很有作为！”从此，当先生（老师）的就以“桃李”代指学生，并把学生多称做“桃李满天下”了。

词语大比赛

同学们快来看！森林举行成语大赛了，小动物们都来作答，看谁能填上这些成语。你们也来和小动物们比比，看看谁填得最快！注意，每个成语的两个括号内都要填入意思相近的近义词。

见（ ）识（ ）　（ ）言（ ）色　高（ ）远（ ）

（ ）身（ ）骨　千（ ）万（ ）　眼（ ）手（ ）

（ ）龙（ ）虎　七（ ）八（ ）　胡（ ）乱（ ）

（ ）朝（ ）代　（ ）听（ ）说　不（ ）甚（ ）

（ ）发（ ）中　急（ ）近（ ）　（ ）（ ）吞枣

（ ）心（ ）想　熙（ ）攘（ ）　（ ）古（ ）今

东（ ）西（ ）　（ ）名（ ）钱　轻（ ）曼（ ）

（ ）兵（ ）将　（ ）风（ ）雨　旁（ ）侧（ ）

（ ）天（ ）地　（ ）寒（ ）暑　（ ）国（ ）邦

（ ）山（ ）岭　百（ ）百（ ）　（ ）井（ ）乡

第二轮比赛开始了，这次每个成语中空缺的字，都互为反义词，小朋友们要努力哦，不要输给了小动物。

（ ）龙（ ）脉　（ ）呼（ ）拥　（ ）倒（ ）歪

眼（ ）手（ ）　口（ ）心（ ）　头（ ）脚（ ）

（ ）头（ ）尾　（ ）倨（ ）恭　（ ）逃（ ）散

（ ）辕（ ）辙　（ ）顾（ ）盼　积（ ）成（ ）

同（ ）共（ ）　半（ ）半（ ）　（ ）材（ ）用

（ ）人（ ）己　（ ）口（ ）心　（ ）经（ ）义

弄（ ）成（ ）　举足（ ）（ ）　转（ ）为（ ）

反（ ）为（ ）　以（ ）胜（ ）　（ ）忧（ ）患

出（ ）入（ ）　（ ）（ ）不得　人（ ）鬼（ ）

瞻（ ）顾（ ）　藏（ ）露（ ）　居（ ）思（ ）

（ ）材（ ）用　（ ）中生（ ）　（ ）因（ ）果

（ ）思（ ）想　以（ ）胜（ ）　化（ ）为（ ）

知识链接 ZHI SHI LIAN JIE

近义词是指意义相同或相近的词语。意义相近的词语，如“美好”和“美妙”、“懒惰”和“怠惰”、“枯萎”与“干枯”、“宽敞”与“宽阔”。反义词就是两个意思相反的词，包括：绝对反义词和相对反义词。绝对反义词是指成对的意义相反、互相对立的词。如：真—假，动—静，拥护—反对。这类反义词所表达的意义互相排斥。相对反义词是指成对的经常处于并举、对待位置的词。如：春—秋，黑—白，高山—平地。这类反义词没有矛盾对立关系，但对比鲜明。

成语是我国汉字语言词汇中一部分定型的词组或短句。成语有固定的结构形式和固定的说法，表示一定的意义，在语句中是作为一个整体来应用的。成语有很大一部分是从古代相承沿用下来的，在用词方面往往不同于现代汉语。它代表了一个故事或者典故。成语又是一种现成的话，跟习惯用语、谚语相近，但也略有区别。成语大都出自书面，属于文语性质。在语言形式上，成语是约定俗成的四字结构，字面不能随意更换；成语在语言表达中有生动简洁、形象鲜明的作用。

谚 语

同学们，你们喜欢谚语吗？这是古人给我们总结出来的一些规律，虽然没有太多的科学依据，但是人们总是喜欢偶尔说上两句，我们听着很顺口也觉得很有趣，今天就教大家一些有关看天象知天气的谚语。

看云测天谚语

1.早起浮云走，中午晒死狗。

2.早怕南云漫，晚怕北云翻。

3.早看东南，晚看西北。

4.云从东南涨，有雨不过晌。

5.日出红云升，劝君莫远行；

日落红云升，来日是晴天。

6.日落云里走，地雨半夜后。

7.乌云接日高，有雨在明朝；

乌云接日低，有雨在夜里。

8.乌云打坝，不阴就下。

9.云在东，雨不凶；云在南，河水满。

10.天上钩钩云，地上雨淋淋。

11.天上棉絮云，地上有雨淋。

12.天上堡塔云，地下雨淋淋。

13.云交云，雨淋淋。

14.西北黄云现，冰雹到跟前。

15.屏山出云，不用问神。

16.晚上西北暗，有雨还有闪；

晚若西北明，来日天气晴。

17.鱼鳞云，不雨也风颠。

18.西北来云无好货，不是风灾就下雹。

19.黑云是风头，白云是雨兆。

20.云结亲，雨更猛。

观风测天谚语

1.四季东风下，只怕东风刮不大。

2.春东夏西秋不论。

3.春起东风雨绵绵，夏起东风并断泉；

秋起东风秋不论，冬起东风雪边天。

4.开门风，闭门雨。

5.东风下雨东风晴，再刮东风就不灵。

6.南风刮到底，北风来还礼。

7.东风急，雨打壁。

8.南风腰中硬，北风头上尖。

9.旱刮东风不雨，涝刮西风不晴。

10.南风转东风，三天不落空。

11.雨后西南风，三天不落空。

12.五月南风下大雨，六月南风井底干。

13.西风随日落止，不止刮倒树。

14.西北风开天锁。

15.西南转西北，还得半个月。

16.南风不过三，过三不雨就阴天。

歇后语

学完谚语，让我们再一起来认识一下歇后语。

雨打黄梅头——倒霉	（倒梅）
半两棉花——免谈	（免弹）
秃子打伞——无法无天	（无发无天）
矮子过渡——安心	（淹心）
马店买猪——没那事	（没那市）
腊月天气——动手动脚	（冻手冻脚）
父亲向儿子磕头——岂有此理	（岂有此礼）
公共厕所扔石头——引起公愤	（引起公粪）
反穿皮袄——装佯	（装羊）
孔夫子搬家——净是输	（净是书）
孕妇走独木桥——铤而走险	（挺儿走险）
外婆死了儿子——无救	（无舅）
老公拍扇——凄凉	（妻凉）
秀才的空棺材出葬——目中无人	（木中无人）
六月戴手套——保守	（保手）

生花生——非吵不可　（非炒不可）

皮匠不带锥子——真行　（针行）

何家姑娘嫁给郑家——正合适　（郑何氏）

和尚的房子——庙　（妙）

河边洗黄莲——何苦　（河苦）

盲人戴眼镜——假聪明　（假充明）

做梦变蝴蝶——想入非非　（想入飞飞）

猴子学走路——假惺惺　（假猩猩）

精装茅台——好久　（好酒）

蜘蛛拉网——自私　（自丝）

瞎子背瞎子——忙上加忙　（盲上加盲）

喜欢刁难的国王

古希腊有个国王，他想处死一批囚徒。当时，处死囚徒有两种方法：一种是砍头，一种是上绞架。怎样处死这批囚徒呢？他决定让囚徒自己选择。挑选的方法是：囚徒在死前各留下一句“临终遗言”，如果说的是真话，就上绞架；如果说的是假话，就砍头。结果大部分囚徒不是因为说了句真话而被绞死，就是因为说了句假话而被砍头。

当时，有一名非常聪明的囚徒，当轮到他选择时，他说了一句巧妙的话，结果使得国王既不能将他绞死，又不能把他砍头，只得把他放走了。这是为什么呢？原来这名囚徒的临终遗言是“要对我砍头”。此言一出，可把国王难住了。如果真的把他砍了头，那么，他说的就是真话；而说真话，按照规定是要采取绞刑的；但如果把他上绞刑，那么他说的话又变成了假话；而说假话，按照规定又是要被砍头的。无论是被绞死，还是被砍头，都违背了国王原来的决

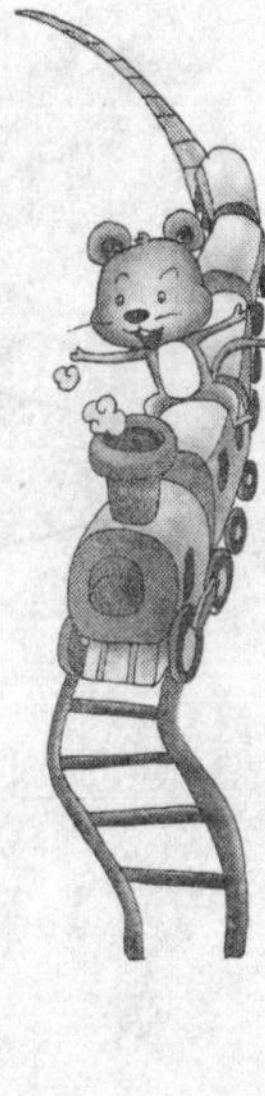

定，结果国王只得把他放了。

喜欢刁难的国王提供的两种方法，无论你如何选择都是一条死胡同。这时如果你只盯着前方，那只能是死路一条，你不妨抬头瞧瞧，看看是否有插翅的机会。

知识链接 ZHI SHI LIAN JIE

格言，可以作为人们行为规范的言简意赅的语句。从句法结构角度说，格言是相对完整、相对独立的句子，可以独立用来表达思想。在内容上它是人生经验和规律的总结，具有教育意义；在语言形式上简洁而精练。因此，格言与谚语、名言、警句、箴言等有着直接的“血缘”关系，可以说，只要是有教育意义的精练语句，都可以称为格言。

句子

把字句，被字句

别让蟑螂把你害了。（把字句）

一个人把一只叫做蟑螂的东西带到了他的新居。他很快就会发现，整间干净的房子都变成了它们的天下。它们的繁殖能力极为惊人。但是它们的危害还远不止于此，真正可怕的是蟑螂最喜欢脏东西，什么地方不干净它们就往什么地方去。即使是再干净的地方，只要被它们爬过，也会变成细菌孳生的场所。

这个人想了很多方法来消灭它们，比如蟑螂屋、蟑螂药等现代化的科学武器，但是他发现蟑螂们也显然进入了现代化。无论何种手段，它们总是越战越强，生生不息。它们的优势是无孔不入，只要有一点点藏身的地方，它们就可以安顿下来繁殖生养，然后出去传播病毒和细菌。所以他的衣服、他的箱子、他的柜子、床都变成了它们恣意潇洒的舞台。

最后这个人发现，把它们杀死的唯一办法就是：丢掉所有的衣服、所有的箱子、所有的柜子和床。

大道理：像那只蟑螂一样，你的坏习惯就像一种慢性病，一开始可能还不能引起你的注意，但是你不重视它，并不意味着它不存在。你发现得越晚，你的损失也就越大。

被杀的公鸡（被字句）

一只公鸡早晨起来报晓。天亮，被主人提出来杀了。

又一只公鸡早晨起来报晓。天亮，被主人提出来杀了。又一只公鸡早晨起来报晓，天亮，还是被主人提出来杀了。

邻居不解，问："这些公鸡每天报晓都挺准时的，你杀它们干什么？"

那人说："早晨我有晚起的习惯，它们却叫得很早。"

邻居说："这不是它们的过错，报晓是公鸡的天职。"

那人说："这个我不管，我需要的是和母鸡交配的公鸡，而不是报晓的公鸡。"

邻居说："可公鸡是不能不报晓的，你难道不能用另外一种方式来解决问题吗？"

“这个很难。”那人说，“我曾想割掉它们的嗓子，后来又想扎上它们的嘴，可这样太麻烦，而杀它们却很省事。”

“那你为什么不改变一下睡觉的习惯呢？”邻居疑惑地问。

“改变我的生活习惯，这怎么可能呢！”那人说，“我有这个习惯已几十年了，怎么会为几只公鸡而去改变呢？再说我是主人，它们应该符合我的需求，它们的行为与我发生矛盾时，受损失的只能是它们，怎么会是我呢？”

于是那人一直保持着杀鸡的习惯。

大道理：往往自己目前只需要做出一点点让步就可以解决的矛盾，却要在以后付出巨大的牺牲乃至生命。在人生旅途中，总会遇到这样或那样的矛盾，是你去适应别人还是别人适应你呢？这实在是一个值得深思的问题。

知识链接 ZHI SHI LIAN JIE

把字句是现代汉语的一种句式。是指用介词“把”构成的句子。被字句也是现代汉语的一种句式。是指用介词“被”构成的表示被动意义的句子。简单地说就是句子中含有“把”字和“被”字，同时这两个字没有实在的意义，不和别的词搭配单独存在。同学们看看故事中有哪些是把字句或者是被字句，用笔画出来。

连动句

今天是“六·一”儿童节，山羊爷爷给所有的小动物们都放假。小猴开心极了，它走进卧室，拿起床头的电话打给小兔，邀请她一起去儿童公园玩。小兔也正在制定“六·一”出行计划，接到小猴的邀请，她开心地答应了。小兔穿好漂亮的衣服，背好包，穿上鞋子开心地出发了。

小猴早早就守在公园的门口，不停地看表，眺望远方，搜索小兔子的身影。很快，他就看到了蹦蹦跳跳的小兔，小猴走过去，接过小兔身上的包包，递给她买好的门票。两个人开开心心地进了游乐园。

他们先来到旋转木马前，排队买好票后，两个人蹦蹦跳跳挑选了各自喜欢的木马，骑上去把住马耳朵两边的扶手，开心地玩起来。木马一上一下地旋转，他们一高一低地呼喊。游乐园里充满了他们的欢歌笑语。

他们下了木马又上海盗船，然后去开碰

碰车，坐小飞象，坐飞机。一直玩到了太阳落山，才恋恋不舍地离开游乐场开始往家走。

小猴和小兔开开心心地度过了这个难忘的“六·一”儿童节。今天是快乐的一天，是值得纪念的一天。

知识链接 ZHI SHI LIAN JIE

连动句是用连动短语充当谓语的句子，或者是由连动短语直接构成的句子。就是动作的发出者是同一个人或同一个主体。小朋友们找一找上面的故事里哪个是连动句。

戚继光驱除倭寇

明世宗的时候，有一帮日本的海盗经常在我国东南沿海一带骚扰百姓。他们和中国的土豪、奸商勾结，到处抢掠财物，杀害百姓，闹得沿海不得安宁。历史上把这种海盗叫做“倭寇”。

公元1553年，在汉奸汪直、徐海的勾结下，倭寇集结了几百艘海船，在浙江、江苏沿海登陆，分成许多小股，抢掠了几十个城市。沿海的官吏和兵士不敢抵抗，见了倭寇就逃。

倭寇侵略越来越严重，躲在深宫里的明世宗也开始发愁了，叫严嵩想法子对付。严嵩的同党赵文华想出一个主意，说要解决倭寇侵犯，只有向东海祷告，求海神爷保佑。明世宗居然相信了赵文华的鬼话，叫他到浙江去祷告海神。后来，朝廷派了个熟悉沿海防务的老将俞大猷（音ｙóｕ）去抵抗。俞大猷一到浙江，就打了几个胜仗。但是不久，浙江总督张经被赵文华陷害，俞大猷也被牵连坐了牢。沿海的防务没人指挥，倭寇的活动又猖獗起来。朝廷把山东的将领戚继光调到浙江，才扭转了这个局面。

戚继光是我国历史上著名的民族英雄，山东蓬莱人。他到了浙江，先检阅那里的军队，发现那些军队纪律松散，根本不能够打仗，就决心另外招募新军。他一发出招兵命令，马上有一批吃够倭寇苦的农民、矿工自愿参军，还有一些愿意抗倭的地主武装也参加了进来。戚继光组织的新军很快发展到四千人。

戚继光是个精通兵法的将领，他懂得兵士不经过严格训练是不能上阵的。他根据南方沼泽地区的特点，研究了阵法，亲自教兵士使用各种长短武器。经过他的严格训练，这支新军的战斗力特别强。“戚家军”的名气就在远近传开了。

过了几年，倭寇又袭击台州（今浙江临海）一带，戚继光率领新军赶到台州。倭寇在哪里骚扰，他们就打到哪里。那些乱七八糟的海盗队伍，哪里是戚家军的对手，交锋了九次，戚家军每次都取得胜利。最后，倭寇在陆地上待不住，被迫逃到海船上，戚继光又用大炮轰击。倭寇的船起了火，大批倭兵被烧死或掉到海里淹死，留在岸上的也只得乖乖投降。

倭寇见浙江防守严密，不敢再侵犯。第二年，他们又到福建沿海骚扰。一路倭寇从温州往南，占据了宁德；另一路倭寇从广东往北，盘踞在牛田。两路敌人互相声援，声势很大。福州的守将抵挡不了，向朝廷告急。朝廷又派戚继光援救。戚继光带了新军赶到宁德，打听到敌人的巢穴在宁德城十里外的横屿岛。那里四面是水，地形险要。倭寇在那里扎了大营盘踞，当地明军也不敢去攻打他们。

戚继光亲自调查了横屿岛的地形，知道那条水道既不宽，又不深。当天晚上潮落的

时候，戚继光命令兵士每人随身带一捆干草，到了横屿岛对岸，就把干草扔在水里。几千捆干草扔在一起，居然铺出了一条路来。戚家军踏着干草铺成的路，神不知鬼不觉地插进倭寇大营。经过一场激烈战斗，盘踞在岛上的两千多个倭寇全部被歼灭。

戚家军攻下横屿岛，立刻又进兵牛田。到了牛田附近，戚继光传出命令，说：“远路进军，人马疲劳，先就地休整再说。”

这些话很快传到敌人那里。牛田的倭寇真的相信戚家军会暂时停止进攻，防备也就

松懈下来。就在当天晚上，戚继光下令向牛田发起总攻击。倭兵毫无准备，匆促应战，禁不住戚家军猛攻猛冲，纷纷败退。倭寇头目率领残兵逃到兴化，戚家军又连夜跟踪追击，一连攻下了敌人六十多个营寨，消灭了溃逃的敌人。到天色发白的时候，戚家军开进兴化城。城里的百姓才知道附近的倭寇已被戚家军消灭。大家兴高采烈，纷纷杀牛带酒，到军营来慰劳将士。

第二年，倭寇又侵犯福建，攻下兴化。这时候，俞大猷已经复职。朝廷任命俞大猷为福建总兵，戚继光为副总兵。两个抗倭名将一起，大败倭寇，收复兴化。公元1565年，俞、戚两军再次配合，大败倭寇。到这时候，横行几十年的倭寇基本被肃清了。

知识链接 ZHI SHI LIAN JIE

这个历史故事是用陈述语气讲述的，全文都是陈述句，那什么叫陈述句呢？陈述句是陈述一个事实或者说话人的看法。它包括肯定句和否定句两种。陈述句在书写时句末有句号，而在朗读时则用降调。

疑问句

咩咩妈妈在日记上记录女儿的成长。她兴奋地记录着她的小宝贝咩咩开始会说疑问句了：

例一：咩咩最爱喝汤，每天两顿汤泡饭，美体又养颜，有目共睹。每天吃完晚饭还要再来半碗汤，好舒服啊！咩咩对喝汤情有独钟，对清晨起来的那一顿稀饭，也是要求很高的。有天早上，咩咩妈妈把稀饭煮得有点稀了，一勺子下去，瞪大眼睛也看不见个饭粒。咩咩妈妈还挺高兴的，这下咩宝宝可以吃得快一些了。刚一口下去，咩咩宝宝的小眉头就皱成了个小“八”字：“喝汤汤吗？”

例二：下班回到家，咩咩宝宝总是

嚷嚷着要“抱抱”，咩咩妈妈总是要先洗手换衣服后再抱宝宝。咩咩宝宝有时会很有意见：“好妈妈吗？”

例三：咩咩宝宝给妈妈打电话（没有拨号）：“喂……”

“……”

“妈妈！”

“……”

“妈妈吗？”

“……”

“说话！！！”

例四：咩咩宝宝对人和物有点分不清，不知道谁和什么的区别。常常对着地上的一点小垃圾，亲切地问：“谁啊？你是谁啊？”

知识链接 ZHI SHI LIAN JIE

在很小的时候，我们就无意识地学会说疑问句了，它表示一种不确定的怀疑。它用陈述句的语序，在句尾加上问号，这样的问句通常用来表达说话者的“惊奇”，“疑惑”等感情色彩。比正常的疑问句感情更为强烈。这样的问句不是侧重提问题，而是注重表达感受。汉语当中的疑问句与“反问句”、“设问句”等问句不同，疑问句是我们生活中最常见的问句。

隐藏感叹句的演讲稿

《中国心》曲调激情澎湃，每当这熟悉的歌声响起时，都能唤出每个中国人的爱国之心。用响亮的歌声唱出我们对祖国的热爱之情。

在我国辽阔的土地上，有一条长如巨龙的长城屹立在八达岭上，让我们不得不赞叹古人的智慧。流传至今的古代四大发明：指南针、印刷术、造纸术、火药，包含了古人多少智慧啊！正因为有了蔡伦发明的造纸术和毕昇的印刷术，才能把智慧谱写成书籍，使各种历史故事和著作流传至今。而火药能用来炸山修路，把城市之间的距离缩短。

翻开历史的黄页，中国被帝国主义侵略和凌辱的历史，诸如：英法联军烧毁圆明园，抢走大量珍贵文物；还有鸦片战争，不仅使中国人白花花的银子像流水一般流入英国人的口袋，不仅让中国人迷恋着它，还让中国人面黄肌瘦、骨瘦如柴，还给中国人戴上“东亚病夫”的帽子。而让我们最难忘的

是抗日战争，日本人侵略中国后，开始屠杀大量无辜的老百姓，“南京大屠杀”就是最好的见证。正当国难当头之时，许多人都站出来保卫祖国，我们熟悉的抗日英雄杨靖宇、董存瑞，其中还有不少女英雄如刘胡兰、赵一曼。他们都舍身为国，才换来今天祖国安定繁荣的生活。

今日，东方的雄狮不再沉睡，像一条腾飞的巨龙，直插云天。随着北京成功举办第29届夏季奥林匹克运动会、“神舟五号”飞船载着航天员杨利伟升上太空，实现了炎黄子孙盼望千年的梦想，中国向世界证明了自己。如今的中国正在以飞快的速度向前进步着，科技事业也日新月异，昨日的“东亚病夫”变成了今日的顶天立地“男子汉”。中国这条巨龙还在飞速攀越着许多的高山，终有一日会屹立在世界最高峰上。

作为中华少年的我们，应为“中华之崛起而读书”，明日作为祖国的建设者，让我们的祖国变得更加繁荣富强！

知识链接 ZHI SHI LIAN JIE

感叹句是表示喜怒哀乐等强烈感情的句子。感叹句句末通常用感叹号，读时一般用降调。在演讲稿中我们通常会使用感叹句，为了抒发情感，引起共鸣。

病句

乔皮奇的儿子一生下来就有特异功能，他不仅一生下来就会说话，还给自己起好了名字——乔麦皮！只不过，这个特异功能后来发展得有点走样了——乔麦皮变成了个病句大王，他一开口，病句就脱口而出。到底乔麦皮的病句说得有多离谱呢？就来看看下面的故事吧。

乔麦皮诞生了

2015年7月7日晚上，乔皮奇枕着他的荞麦皮枕头，呆呆地瞅着天花板，静静地等着妻子把他的宝贝儿子生出来。“哇！哇！”乔皮奇闻声闯了进去，被当做产房的是放荞麦皮的仓库，看到的情形让乔皮奇差点晕了过去……

他的儿子竟然已经爬在一堆荞麦皮中打

滚玩，一抬头，竟然、竟然冲他蹦着喊着：“乔乔要爸爸抱，乔乔要爸爸抱！”

乔皮奇一把将儿子从荞麦皮堆里抱了起来，嘟哝道：“这家伙就像鬼投胎似的，连名字都给自己起好了！好了，臭小子，就叫你……叫你‘乔麦皮’好了。”

出生第二天

乔麦皮刚出生就会说话，乔皮奇越想越

觉得不对劲，他直接把儿子带到市里最好的医院做了个魔鬼式全面检查。

五个小时后，医生一脸惊喜地抱着小乔麦皮从检查室里走了出来：“恭喜你，乔皮奇先生！经检查，你的儿子有特异功能，是百年难遇的奇迹啊！

一个病句，两个病句

乔麦皮出生一百天后，话说得越来越多，常常让人觉得非常烦。突然有一天，一个让人哭笑不得的句子从乔麦皮嘴里冒了出来：“妈妈，我明天立刻现在就吃烤鸡。”这句话让乔皮奇几乎笑掉大牙，只可惜他的大牙早已在听说自己的儿子有特异功能时乐掉了。

晚上，乔麦皮嚼着梨，看着月亮，对爸爸来了一句：“这梨非常的也不是怎么好吃。”正在喝水的乔皮奇“扑哧”把水都吐了出来：“你个臭小子，差点把我呛死！”由于乔麦皮几乎开口就是病句，乔皮奇只好慢慢帮他改掉这个毛病。

广告日记

自从改掉出口就是病句的毛病后，乔麦皮又喜欢上了看广告，为了让乔麦皮改掉看广告的毛病，乔皮奇只好把他送进了学校。

语文老师要求：每个学生每天必须写日记。这可难坏了乔麦皮，他压根就不喜欢写日记。不过，乔皮奇先生为了帮儿子找能写进日记的东西，用越野车载着乔麦皮兜风。乔麦皮感受颇深，飞快地写下了一则日记：坐车。内容如下：

> **今天，我爸爸带我去兜风。**
>
> **一上车，我的感觉就来了，脱口而出："系好安全带，阁下无法复制。"**
>
> **车走了一会后，突然停了，轮胎瘪了。我长叹一声："任劳任怨，只要还有一口气，努力吧，轮胎。"**
>
> **轮胎充好气后又上了公路，我一高兴就合不拢嘴巴了："时速30公里，可到汽车修理厂；时速100公里，可以安全到家；时速150公里，可以到医院了；时速200公里，恭喜你，你可以见到上帝了……请记住，上帝并不是十全十美的，他给汽车准备了备件，而人没有……"不知为什么，爸爸一听我说话就生气："闭上你的臭嘴巴！"**
>
> **"是男人，就该发出自己的声音。"一不留神，"阿尔特手机"就替我开了口。可是，爸爸竟然、竟然抽了我一巴掌，真倒霉，不过，"是男人就该默默忍受"！我认了，谁让我是儿子呢？哼，等我也当上爸爸……**

写了这样一篇广告日记的乔麦皮被老师痛斥了一

顿，并惩罚他写1500字的检查，乔麦皮终于远离了广告。

可这个淘气鬼又怎么可能安静下来呢？想知道乔麦皮后来一大堆搞笑的事吗？听我下回给你讲吧。

知识链接 ZHI SHI LIAN JIE

病句，就是有毛病的句子。凡是违反语法结构规律或客观事理的句子都是病句，前者叫语法错误，后者叫逻辑错误。常见的病句种类有以下几种：词序颠倒、前后矛盾、成分残缺、成分赘余、指代不明、标点错误、关联词用错、重复啰嗦、搭配不当、不合逻辑等。

词序颠倒：今天，全体三年级一班的同学都去植树了。应将“全体”移至“同学”前。

前后矛盾：下课了，同学们争先恐后地陆续走出了教室。“争先恐后”与“陆续”矛盾，应任意去掉一个。

成分残缺：上周日到森林公园去玩了。缺少主语，应加上主语。

成分赘余：球场上，队员们正在激烈地打比赛。“打”多余，应去掉。

指代不明：心心建议大家一起去看电影，乐乐建议大家一起读书，我同意他的意见。这里的“他”指代不清，到底是指心心还是指乐乐，应该直接说出来，别人才会弄明白。

标点错误：据说，在1000万只昆虫中才能发现一只这样的变异品种，自然是“物以稀为贵。”句号应挪到引号外。

关联词用错：大家走得很快，但不一会就到了目的地。“但”应该改成“所以”。

重复啰嗦：文文高兴地跑过来，兴高采烈地说：“我考了第一名！”“高兴”与“兴高采烈”重复，应去掉一个。

搭配不当：今天，我买了一条衣服。“衣服”不能用“条”修饰，应将“条”改成“件”，或者将“衣服“改成“裤子“。

不合逻辑：来自海内外和国内的50多名学生参加了聚会。“海内外”和“国内”不能并列。

修辞

比喻

心灵——心灵是一方宽广的天空，它能包容世间的一切；心灵是一片宁静的湖水，偶尔会泛起阵阵涟漪；心灵是一片皑皑的雪原，它能映出一个缤纷的世界。

痛苦——痛苦是黑暗中的摸索，前进的路途中满是坎坷；痛苦是无人理解的悲哀，无助地面对一切挫折；痛苦是心灵最深的折磨，无泪且无法直言；痛苦是天生没有的表情，是烦恼中的恶魔。

愚蠢——愚蠢是一种天生的无奈，是一种后天的懒惰，是一颗自己种下的恶果，是一条好果实中的蛀虫。

谎言——谎言是一只心灵的蛀虫，将人的心蛀得面目全非；谎言是一个深深的泥潭，让人深陷其中无法自拔；谎言是一个无

尽的黑洞，让人坠入罪恶的深渊万劫不复。

阴险——阴险，是一条披着羊皮的狼，干着不见天日的勾当；阴险是善良的公敌，嫉妒的朋友；阴险是一座心灵的冰山，让人透过清澈感到的是阵阵的寒意。

自私——自私是一面镜子，镜子里永远只看得到自己；自私是一块布匹，蒙住了自己的眼睛，看不见别人的痛楚；自私是一层玻璃，看上去透明，却始终隔开了彼此的距离。

知识链接 ZHI SHI LIAN JIE

比喻是一种常用的修辞手法，用跟甲事物有相似之点的乙事物来描写或说明甲事物。运用它可以把陌生的东西变为熟悉的东西，把深奥的道理浅显化，把抽象的事理具体化、形象化。

拟人

同学们看看下面这些拟人句构成的儿歌，你能背下来多少？仿照着它们自己再试着写两句吧！

一排排柳树倒映在水中，欣赏着自己的容貌。

宁静的夜晚，只有那天上的星星在窃窃私语。

那点薄雪好像忽然害了羞，微微露出点粉色。

秋天是美丽的，在曼妙的韵律中舞着她的裙摆。

海棠果摇动着它那圆圆的小脸，冲着你点头微笑。

蜜蜂引路！

风翻开了书！

花儿随风舞蹈。

蜡炬成灰泪始干。

小狗伸了一个懒腰。

鸣蝉在树叶里长吟。

真理它却不会弯腰。

花儿在风中笑弯了腰。

落叶随着风高低起舞。

行道树笔直地站在路边。

巨浪伸出双臂把我猛地托起。

绿油油的小草被风吹弯了腰。

荷塘里的荷花都羞涩地打着朵。

天空中的星星眼睛一眨一眨的。

小树摆动着枝叶，向我们点头笑。

月亮一露面，满天的星星惊散了。

翠绿欲滴的椰子从叶间探出了头。

向日葵不断地面向太阳公公做运动。

秋便以翩跹之姿踏碎了夏天的流言。

春天迈着轻盈的步伐来到我们身边。

微风柔和地吹，柔和地爱抚我的面孔。

风儿轻唱着歌，唤醒了沉睡中的大地。

油蛉在这里低唱，蟋蟀们在这里弹琴。

金钥匙学校以博大的胸怀容纳了千万学子。

收音机天天说个不停，令邻居十分讨厌！

船头飞溅起的浪花，吟唱着欢乐的歌儿。

阳春三月，沉睡了一冬的银梨树被蒙蒙细雨淋醒。

春尚浅，几处山顶上的梅花却挣扎着吐出红苞来。

梦像一片雪花在空中飘舞，想抓住他，他已经融化了。

一个个红石榴小姑娘绽放出可爱的笑脸，躲在树枝间。

知识链接 ZHI SHI LIAN JIE

拟人就是把人以外的物当做人来描写，赋予它人的动作或思想感情，这就叫拟人。运用拟人，不仅可以使描写的事物生动形象，而且能鲜明地表现作者对所描写的事物的感情。

排比

春天从天外轻盈地飞回来，化作了柔风和云雀。

春天从地里轻轻地冒出来，化作了花叶和草芽。

春天从山间喧闹地跳了过来，化作了溪流、河川和波光潋滟的湖泊。

春天化作了一千、一万种生命形式；化作了歌声，化作了微笑，化作了温暖和美丽的色彩……

春天是个生机盎然的季节，万物都纷纷苏醒。以往冬日的烈风变作了柔风，以往的悄无声息变作了叽叽喳喳。那深深埋在地下的草叶早已迫不及待了，那嫩绿的小草偷偷探出了头，互相张望，发现了一个明媚的春天！冰封已久的江河融化了，那已沉默寡言一冬的河水也开始迸发出生命的希望，它们唱着一曲欢歌，悠闲地奔向属于自己的天堂。

春天是生命的母亲，她以各种生命潜伏在我们的生活中，凡是我们需要的，喜欢的东

西，它们身上都有春的气味。

在柔媚的春光下，孩子们又可以结伴去郊游，放风筝。多美好的春天啊！

燕子穿着黑白相间的衣服来了，是春天的信使来了，它以矫健的身躯和美丽的身影告诉人们春天来了。其实在燕子来之前春天就已经来到了我们身边，她的美丽绽放在无声无息中。当雪脱掉了白色绒衣，摇身变成淅沥的雨时，当风改掉以往暴躁的脾气，轻轻走过时，春就已经和我们擦身而过，把她的温柔融入了所有人的心灵……

久违了，春天，你这萌发生命的季节。

春天，是一首唱不尽的歌。我们会用刚刚苏醒的希望去迎接春天，我们会用刚刚升起的志气去迎接春天。就在那样的时刻，我们绿色的梦幻，将会在现实生活中准确无误地呈现出来，一天浓似一天，一层浓似一层。

春风、春雨和春光将伴随我们变得更加明澈、矫健和朝气蓬勃。

知识链接 ZHI SHI LIAN JIE

排比句读起来朗朗上口，有一股强大的力量，能增强文章的表达效果。

1.用排比写人，可将人物刻画细致。如：“他的品质是那样的纯洁和高尚，他的意志是这样坚韧和刚强，他的气质是这样的淳朴和谦逊，他的胸怀是那样的伟大和宽广。”

2.用排比写景，可将景物描写得细致入微，能起到层次清楚、描写细腻、形象生动的效果。如朱自清的《春》一文中，“山朗润起来了，水长起来了，太阳的脸红起来了。”

3.运用排比说理，可将道理说得充分透彻。比如：“我们的干部要关心每一个战士，所有革命队伍里的人都要互相关心，互相爱护，互相帮助。”

4.运用排比抒情，可使节奏和谐，感情洋溢。如：“我和书的故事实在是太多了，为书而欢乐，为书而哀愁，为书而被处罚……”既总结了全文，又抒发了和书之间的不解之缘。

夸张

有这样一个传说：从前，一个四川秀才和一个浙江秀才到武汉游玩，同住一店。一天吃饭时，各自夸奖起家乡的名胜来。四川秀才说：“古语云：‘峨嵋山，高天只有三尺三。’你看还有比这高的吗？”浙江秀才说：“古语云：‘六和塔，六和塔，离天只有一尺八。’它比峨嵋山还高一尺五哩！”这个故事中，两个秀才引用的古语实际上都是夸大了山、塔的实际高度，这种手法叫夸张。

夸张，能突出某一事物的本质特点，在说话或写文章时运用夸张，可将描述的事物夸大或缩小，这样能增强语言表达的效果。

夸张可分两大类。

第一类是故意将“芝麻”夸大成“西瓜”。读下面这个句子：

“我端起搪瓷碗，觉得这个碗有千斤重，怎么也送不到嘴边。”

这句话非常形象地突出小梁明白了老班长吃鱼骨头、舍己救人真情后的沉重心情。

第二类是故意将“西瓜”缩小成“芝麻”。请看下面的句子：

“五岭逶迤腾细浪，乌蒙磅礴走泥丸。”

这句话把连绵不断的五岭山脉、气势磅礴的乌蒙山与小河里翻腾的细浪、孩子手中滚动的泥弹丸等同看待，更突出了红军长征的大无畏精神。

夸张还常和其他的表达方法结合起来使用，能收到更好的效果。如《我的战友邱少云》一课中，“邱少云像千斤巨石一般，趴在火堆里一动也不动。”就是用比喻和夸张的手法表现邱少云严守纪律，纹丝不动。

借代

人们都羡慕天堂，害怕地狱，然而谁也不知道天堂和地狱什么样子。有个人问神父，天堂和地狱到底是什么样子的？神父没有回答他，却领他来到一个房间。

房间很普通，屋里有口大锅，锅里是香味扑鼻的肉汤。大锅边坐满了人，个个愁眉不展，面黄肌瘦。因为，每人前面放的都是长把勺，那勺长得根本无法将肉汤送到自己口里。神父说：这就是地狱。

神父带着那个人又跨过一道门槛，进了另一间。同样的大锅、肉汤、长勺，里面的人却个个谈笑风生，红光满面。因为，大家都用手中的长勺喂对面的朋友。神父说：这就是天堂。

神父说的天堂和地狱都不是真的，却借代天堂和地狱说明了人们要互相帮助的道理，而且，还说得生动有趣。这就是借代的作用。

知识链接 ZHI SHI LIAN JIE

借代是用相关的事物来代替所要表达的事物的修辞方式。这种修辞方式不直接说出要说的人或事物。被代替的事物叫本体，用来代替的事物叫借体。

借代的种类主要有以下几种：

1、用事物特征代本体事物。例如：红眼睛原知道他家里只有一个老娘……

2、具体代抽象。例如：枪杆子里面出政权。

3、专名代泛称。例如：我们的时代需要千千万万个雷锋。

4、形象代本体。例如：上面站着两个老爷，东边的一个是马褂，西边的一个是西装。

5、部分代整体。例如：吟罢低眉无写处，月光如水照缁衣。

6、结果代原因。例如：专弄文墨为壮士捧腹（“捧腹”是“笑”的结果）。

对偶、顶针

同学们，你们能分清什么叫对偶句，什么叫顶针句吗？看看下面的歌词和诗句，指出哪个是顶针，哪个是对偶。

你从雪山走来，　　春潮是你的风采。
你向东海奔去，　　惊涛是你的气概。
你用甘甜的乳汁，　　哺育各族儿女；
你用健美的臂膀，　　挽起高山大海。
我们赞美长江，　　你是无穷的源泉；
我们依恋长江，　　你有母亲的情怀。
你从远古走来，　　巨浪荡涤着尘埃。
你向未来奔去，　　涛声回荡在天外。
你用纯洁的清流，　　灌溉花的国土；
你用磅礴的力量，　　推动新的时代。
我们赞美长江，　　你是无穷的源泉；
我们依恋长江，　　你有母亲的情怀。

桃林枝枝挂满桃，　　桃花谢落已飘渺。
渺渺晨雾风吹散，　　散落远方入仙岛。

岛中仙人唱神曲，曲终饮酒醉逍遥。
遥望远方家何在？在家亲人呼唤召。
召来归子问寒暖，暖风入面心里笑。
笑问此行何最美？美在亲人爱已到。
到达它方均为客，客在远方念家好。
好梦已终应归心，心地真诚是法宝。
宝物送给最亲人，人人称赞有忠孝。
孝亲尊师为根本，本来就是为人道。
道远任重归无期，期盼家乡最美娇。

知识链接 ZHI SHI LIAN JIE

顶针也叫顶真，它是用上文结尾的词语作下文的开头，使语句递接紧凑而生动畅达的一种修辞方法。就好像我们经常玩的一种游戏“成语接龙”一样，下一个词的第一个字是第一个词的最后一个字。对偶主要在于上下两句对称。我们学的绝大多数唐诗所用的手法都是对偶。对偶是用字数相等、结构形式相同、意义对称的一对短语或句子来表达两个相对或相近意思的修辞方式。对偶主要是从结构形式上说的，它要求结构相称，字数相等。而顶针则要求下句的开头内容与上句的末尾相同。《木兰辞》里的比较典型：“壮士十年归，归来见天子，天子坐明堂，出门看火伴，火伴皆惊忙。”

标点符号

妙用标点符号的故事

传说清朝末年，慈禧太后让一位书法家题扇，书法家写了唐朝诗人王之涣的《凉州词》：“黄河远上白云间，一片孤城万仞山。羌笛何须怨杨柳？春风不度玉门关。”但由于书法家的一时疏忽，题诗时漏掉一个“间”字。慈禧看后大怒，认为书法家故意欺她没有学识，一气之下要治他的死罪。书法家急中生智，赶忙解释道：“老佛爷息怒，这是用王之涣的诗意填的词。”他当场断句吟道：“黄河远上，白云一片，孤城万仞山。羌笛何须怨？杨柳春风，不度玉门关。”慈禧听后，转怒为喜，赐给他银子压惊。

唐代诗人杜牧的七言律诗《清明》，是一首脍炙人口的好诗。“清明时节雨纷纷，路上行人欲断魂。借问酒家何处有？牧童遥指杏花村。”有人把标点一改，变成了一首词：“清明时节雨，纷纷路上行人，欲断魂。借问酒家何处？有牧童遥指——杏花村。”还有人就《清明》一诗，不增减一字，只加标点，变成了电影的一个镜头，时间、地点、场景、对话皆有：

清明时节。雨纷纷。

路上

行人：（欲断魂）借问酒家何处有？

牧童：（遥指）杏花村！

标点的正确运用，不仅使文章语言通顺、脉络清楚，而且在文学作品中，对塑造人物形象，有语言起不到的作用，《红楼梦》中在描写林黛玉临终时，作家是这样运用标点的：“宝玉！宝玉！你好……”两个“！”写出黛玉用生命在呼喊；一个“……”将黛玉百感交集、难以用言语表达的复杂心情和神态刻画了出来。句子省略的部分可以让读者充分想象，这样更能打动人的心弦，给人留下深刻的印象。一个省略号起到了许多文字不能起到的妙用。

知识链接 ZHI SHI LIAN JIE

下面每句句子都表示一个标点符号，你知道是什么吗？按答案看一看你想的是否正确。

一句话说完，画个小圆圈。　。
中间要停顿，圆点带尾巴　，
并列语词间，点个瓜子点　、
并列句子间，圆点加逗点　；
总结说话前，上下各一点　：
发问或疑问，耳下附一点　？
命令打招呼，滴水下屋檐　！
引文特殊词，前后夹直角　“”
补充或解释，前后加弯月　（ ）
人名或地名，下面画直线　——

地主和秀才的故事

从前有个地主，他很吝啬，从不肯给教孩子的老师吃喝。因此，没有人愿意到他家去当教师。地主很着急，这时，当地一个秀才却主动找到地主，表示愿到他家当教师。地主说：“先生，我这里可没好饭菜招待您。”秀才说：“没问题。”地主又说：“先生，听说每学期您要收30两银子，我这里没钱给您。”秀才说：“行。我不需要你招待我吃鸡鸭鱼肉，也不用你交30两银子的学费，就吃豆腐白菜总该行吧？”地主连连点头说：“这个没问题。先生，就按您说的，您给我写张字据吧。”秀才点点头，提笔写下：

东家：无鸡鸭也可无鱼肉也可豆腐白菜不可少不得要学费银子30两。××秀才×年×月×日

地主拿起纸条，看了看，他又怕秀才反悔，就叫人拿到屋里去了。年底时，秀才开始摔碟子打碗，嫌顿顿吃豆腐白菜都把身体吃垮了。地主忙让人从柜子里拿出字据，跑到书房，对秀才说：“先生，您可不能反悔。当初您可是写了字据的。”秀才说：“我当初写了什么字据？”地主拿出字据，秀才接过字据，手拿毛笔，边念边点标点：

东家：无鸡，鸭也可；无鱼，肉也可；豆腐、白菜不可。少不得要学费银子30两。××秀才×年×月×日

听秀才念完，地主可傻了眼。他只好杀鸡、杀鸭、蒸鱼、炖肉，招待先生，最后还交了学费——银子30两。

知识链接 ZHI SHI LIAN JIE

逗号是表示小于分号大于顿号的停顿符号，用“，”表示。在下面几种情况下可用逗号来表示停顿：

1.句子内部主语与谓语之间如需停顿，需用逗号。例如：我们看得见的星星，绝大多数是恒星。

2.句子内部动词与宾语之间如需停顿，用逗号。例如：应该看到，科学需要一个人贡献出毕生的精力。

3.句子内部状语后边如需停顿，用逗号。例如：对于这个城市，他并不陌生。

4.复句内各分句之间的停顿，除了有时要用分号外，都要用逗号。例如：据说苏州园林有一百多处，我到过的不过十多处。

5.用来分开句内各语或表示语气的停顿。

毛毛的故事

毛毛写起作文来马马虎虎，总是不重视标点符号，觉得那是小事一桩。

一天，他写完作文给爸爸看，让爸爸帮他检查一下。爸爸拿过作文本一看，只见上面写着：

昨天，我和爸爸妈妈、一起去动物园。在那里，我看到了很多小动物，有长颈鹿，猴子，狮子，老虎，大象，河马……我最喜欢看小猴子了，它们总是跑来跑去，一会蹲在地上吃东西，一会跑到假山上捉迷藏，一会爬到树上睡觉。我查了查，猴园里一共有20几只猴子。听旁边的阿姨说，这里最年长的猴子都已经有17岁了……

看完作文，爸爸笑了起来，说：“毛毛，使用标点符号一定要规范，就像是文章的眼镜，不能随意乱放。像‘我和爸爸妈妈’和‘一起去动物园’之间不是并列关系，不能用顿号，应该删掉。而像‘长颈鹿’、‘猴子’、‘狮子’、‘老虎’、‘大象’、‘河马’之间的停顿很短，不适合用逗号，改成顿号就可以了。”

听完爸爸的话，毛毛又看了看自己的作文，不好意思地笑了。

知识链接 ZHI SHI LIAN JIE

顿号表示并列的词或词组之间的停顿。一般来说，主要有两个用途：分隔同类的并列的事，通常是单字、词语或短句，当中的停顿较逗号短；分隔用汉字作为序号的序号和内文。但是要注意，句子间的并列不能用顿号。

王勇智斗财主

古时候，有个叫王勇的人，他聪明而勇敢，专爱和有钱有势的人作对。一次，一个财主为了报复他，故意雇他做长工。

一天，财主和老婆在院子里下棋，就把王勇叫到跟前说："今天，咱们赌个输赢，你猜猜这盘棋谁会赢。猜对了，就赏你一个元宝；猜错了，就打你20皮鞭。"

王勇想了想，随手写下"你赢她输"四个字。

下棋时，财主故意输给老婆，然后得意地要打王勇20皮鞭。只听王勇念道："你赢她？输！"财主一听，无话可说。只得作罢。

第二盘时，财主赢了老婆，他又要打王勇。王勇又把这四个字读了一遍："你赢，她输。”财主没有办法，既没有打成王勇，又赔了元宝。

知识链接 ZHI SHI LIAN JIE

句号是用于陈述句末尾的标点符号，用“。”来表示。句号的应用范围很广，除了句末有时会用问号和感叹号外，其他都用句号作为一个句子的结尾。

问号表示一句话完了之后的停顿。用于疑问句、设问句和反问句结尾。疑问句末尾的停顿，用问号。反问句的末尾，也用问号，问号不出现在一行之首。

感叹号主要用在感叹句的句末，表示强烈的感情，用“！”表示。感叹句是以抒发感情为主的句子，它所抒发的感情有赞颂、喜悦、愤怒、叹息、惊讶、伤悼等，句末都要用感叹号。

省略号和破折号的故事

同学们，我们学习了很多有关标点符号的知识。你们还记得如何正确地运用标点符号吗?对于不常见的省略号和破折号的使用是否还有些生疏？而省略号和破折号前的标点该如何使用呢？现在让我们一起来学习一下好吗?

省略号前后标点的使用

如果省略号的前面是一个完整的句子，应该在句子的末尾加上句末点号。例如：夜正长，路也正长，我不如忘却，不说的好罢。但我知道，即使不是我，将来总会有记起他们，再说他们的时候的。……（鲁迅《为了忘却的记念》）

如果省略号前面的句子不是一个完整的

句子，原则上不加标点符号。

省略号后面一般不用标点符号，因为连文字都被省略了，再加标点也就没有什么意义了。

如果省略号后面还有文字，为了表示这些文字跟省略号及省略号之前的文字关系较远，可以在省略号后面加上句末点号。例如：现在创作上有一种长的趋向短篇向中篇靠拢，中篇向长篇靠拢，长篇呢？一部，两部，三部……。当然，也有长而优、非长不可的，但大多数是不必那么长，确有“水分”可挤的。（《语文建设》1991年第7期第32页）

破折号前后标点的使用

表示话题或谈话对象突然转变，或语意有所跃进的时候，破折号前面常常用个句末点号，用以表示破折号前面的话语和意思的完整性与独立性。例如：

1.过了一会儿，又听见一个说：“怎么，你们都走啦？难得来一趟，自由自在地洗个澡，也不多玩一会儿。——哎呀！我的衣裳哪儿去了？谁瞧见我的衣裳啦？”（《牛郎织女》）

2.林先生猛地抬起头来，正和那老婆子打一个照面，想躲也躲避不及，只好走上前去招呼她道：“朱三太，出来买过年东西么？请到里面去坐坐。——阿秀，来扶朱三太。”（茅盾《林家铺子》）

3.嘿，几十层楼的高房子、两层楼的汽车，各种各样好看的好用的外国东西……老乡！人生一世，你也得去见识一下啊！——做满三年，以后赚的钱就归你啦！我们是同乡，有交情。——交给我带去，有什么三差两错，我还能回家乡吗？（夏衍《包身工》）

表示注释性话语的时候，破折号前面一般不用标点符号，因为它把注释语和被注释语分成两部分，人们在读到破折号的时候，自然会停顿一下，前面不用标点也不会妨碍阅读理解。

破折号的后面不用标点符号。

知识链接 ZHI SHI LIAN JIE

问号的几种用法：

（1）有的句子里虽含有疑问词“谁”、“什么”、“怎么”、“多少”等，它们在全句中仅是充当一个成分，但全句并不是疑问句，末尾不用问号。即如果含疑问词的主谓短语做主语或宾语，往往是没有疑问的。

（2）区别选择问与连续问。前者实际上只有一个疑问，只要求根据具体情况加以回答；而后者则连续几个疑问，它们均构成了一串相对独立的问句，并要求对所有问题都做出回答。选择问，中间用逗号，句末用问号；连续问，各问句后均用问号。（口诀：选择问，全句末尾才用问；连续问，每句末尾都用问。）

（3）倒装问，即是主谓倒装的疑问句，问号仍应该用在句末，谓语后一般用逗号。（口诀：倒装问，全句末尾也用问。）

（4）转述别人的话来作为表意句子的一部分，即做整个句子的某种成分，不用问号。（口诀：转述问，句末不用问。）

十条规律帮你学好语文（一）

金秋九月，同学们开始了崭新的学习生活。生活离不开语文，高雅的心灵生活更是出自美好语文的熏染。

然而，语文，想说爱你不容易。其实，语文是容易的：母语习得，自然天成；语文又是艰难的：微言大义，弦外有音。语文是有趣的：唐诗宋词，英雄美人：语文又是枯燥的：古文百篇，成语如山。语文是快乐的：风花雪月，刀枪剑戟：语文又是痛苦的：咬文嚼字，浩如烟海。

苦海无边，何处是岸？勤奋是舟，规律做桨；老师导航，顺利抵港！

首兴趣：知而好，好而乐。

首先，我们要培养语文学习的兴趣。这

个培养过程，古人分为三个阶段：知之、好之、乐之。先说“知之”：走进语文，不抵触，不反感，不因对以前的老师、教材和考试的印象而迁怒语文；能如此，方可初尝语文的甘霖。再说“好之”：日日操习，用心投入，不懈怠，不放弃，不因外界干扰、其他学科和考试分数而离开语文；能如此，方可欣赏语文的漫天红霞。后说“乐之”：处处留心，养成习惯，言谈举止，一笑一颦，莫非语文；能如此，方可进入语文的神仙洞天！

次自主：观千剑，操千曲。

古人云：“观千剑而后识器，操千曲而后晓声”，强调的就有自主学习的重要。语文学习不同于其他学科的一个重要特点，就是教师的“教”不会直接提升学生的学习水平，而只能通过学生的自主学习，自求理解，才能逐渐达到“自会读书，自能作文”的境界。

企图靠老师讲得好、深、透，学生只管默默聆听、记忆就学好语文，这种想法已被无数事实证明：此路不通！因此，有意识培养自己的自学能力，作好自主学习规划，加大自主练习的力度，自奋其志，自求其通，也是一条极重要的语文学习规律。

必多写：思欲丽，笔磨秃。

同学们学语文所为何事？我以为可以用十二字概括：丰富心灵、明白事理、完美生活。这就是要锻炼自己的感性和理智，我简化为“思欲丽”：情感思想要富赡犀利！现实中，我们许多同学只会作题，从来不注意自己感性和理智的锻炼，其情思通常表现出两个缺陷：一是“浅”：情感幼稚化，思维平面化，既无深情，也无遐思；一是“窄”：生活面窄，导致了关注的主题窄，既少阅历，又缺大气。要纠正这两个缺陷，使自己的情思“深”、“广”，在读万卷书、行万里路的同时，必得加上一个字：“写”！“写”可以酝酿和升华情感，“写”可以廓清和锻造思想。“思欲丽”，必多写！

坚持写日记，这是许多伟大成功者的良好习惯；至少要坚持每周练习写作两次：生活札记一篇，记录所见、所闻、所思、所感的鲜活素材；读书笔记一篇，养成阅读习惯，整理读书收获。三年里，能写到三至五万字，是基本的量的要求。如此，方可谓：“笔磨秃”。

定多读：破三春，汇九流。

在你学习的这三年中，要下定决心广泛而深入的阅读，这就叫“勘破三春”。阅读时，要涵盖古今，包举文理，融会中外，首重哲学，这就叫“融汇九流”。

举凡人类心灵智慧的结晶，能开眼界、除迷狂、启思维、美德行、富心灵者，均可大读特读。尤请注意：不要只读文学作品，只读中国作家。

强积累：有诗书，有成竹。

语文学习非常重要的一个阶段就是模仿，模仿的榜样（模板）应该是什么呢？当然是前贤今人的成功之作。茅盾背《红楼梦》、苏步青熟读《古文观止》的例证，当是大家熟知的。通过长期的艰苦的积累，在头脑中建立起丰富的“语言范式”，形成“兴奋灶”，这就是我们要追求的“腹有诗书”。

运用这些“范式”，模仿着“说”，模仿着“写”，先求其“形似”，后求其“神似”，最后求其超越。这样，就很容易有充实感、成就感、条理感，就不会再感到语文学习空泛、无力、不可捉摸。这种状态可以称为“胸有成竹”。

十条规律帮你学好语文（二）

重感悟：思千载，想万物。

古诗云：“心有灵犀一点通”。怎样才能做到对语文学习“心有灵犀”呢？首先，要广见博闻（多读）、反复尝试、积累范式，因为灵感总是出现在辛苦劳动之后的彩虹；其次，要养成联想和想象的良好习惯，力求“思接千载，视通万里”，决不压抑、束缚自己灵感的飞翔；再次，要努力营造平和清明而又跃跃欲试的心理状态，沉浸其中，体验品味，不急于求成；最后，要敢于相信自己的直觉，相信自己通过积累、模仿而形成的灵感思维的有效性。

经过多次成功的灵感闪现，就要总结自己感悟的角度、方式、条件，把它变成自己进一步学好语文的利器。

细思考：学而思，思而得。

孔子云：“学而不思则罔，思而不学则殆”，《学记》也强调：慎思、审问、明辨，就是要谨慎的思考，审慎的发问，明确的分辨。在语文学习中，欲培养良好的思维习惯，先要多思：不论哪个学习环节、何种学习任务中，决不盲目接受任何未经自己思考的东西，这样方可保持自主性，提高学习的兴趣，使多读有味，多写有效，积累有益；次求深思：决不浅尝辄止，而要多方追问，务求水落石出，直至原形毕露；后求善思：不钻牛角尖，而是随时以元认知策略对自己的思维过程进行反思，克服情感干扰，理性分析和接受老师的点拨、同学的帮助，方可不断提升自己的思维品质，建立起融通、灵慧、深刻、严密的思维个性。

求精熟：启而发，点而悟。

语文学习欲求“精熟”，贵在得名师“点拨”，因此学生必须懂得一点教师“点拨”的道理。

点拨之妙，首在得“人”：不同的学生、不同的心态、不同的性格，教师会以相应的方法点拨他，或要言不烦，或铺路架桥，或举例引导，或反向激将，或重申基础，不一而足；点拨之妙，次在得“时”：学生要积极思考，主动暴露自己，以便老师点拨在关键之时，教师则要善于观察，了解学生思维状态的外在表现，决不放过点拨良机；点拨之妙，还在得“度”：引而不发，导而不灌，开而不塞，拨而不代，只要学生

有所感悟，明确了方向，就不再浪费其时间，不再代替您思考，让学生真正去自主学习。

有个性：思结果，成一家。

语文是发展学生心灵的学科，语文学习的最终指归是形成学生健全的人格、良好的修养、鲜明的个性。当然，这里的“个性”，从狭义讲，是指语文学习规律的系统化、个人化，也即形成有每个学生自身特色的语文学习理论，即所谓自成一家。

这就必须：首先建立元认知策略，形成监控自己思维、感悟流程的习惯。在长期的语文实践中，不断总结升华，强化有效的正确的习惯，纠正无效的错误的做法。其次是学会总结反思，通过计划总结的方式，课堂笔记的方式、作文后记的方式、试卷分析的方式，不断提升自己理性思维的层次。其次是学会交流共享，通过课堂发言、同学交流师生讨论的方式，吸收对自己学习经验的有益的指点；还可以通过网络论坛发表，接收同好者的反馈，不断完善自己经验的表述方式及实质内容。最后学会实践检验，纸上得来终觉浅，绝知此事要躬行。通过实践检验，我们可以收获成功的喜悦，我们更应该善待失败的苦涩，这是不可替代的人生经验，也是形成个性化语文学习经验的必然历程。

要跳出：课内法，课外路。

叶圣陶先生说过："教是为了不需要教"。学习语文最重迁移。因为"语文学习的外延与生活的外延相等"，语文学习的最终的成功，还在于学生在生活中能够灵活运用语文求生存、谋发展。为了实现语文学习的良好的正向的迁移，我们在学习中必须：①跳出语文课程学语文。从政治科学观察思考问题的哲学方法，从历史科学成功人物的人生经验，从地理科学各国各洲的风土人情，从数学科学严密的推理逻辑，从理化科学细致的观察功夫，从美术音乐科学艺术鉴赏的规律和经验。②跳出语文课本学语文。从《读者》学人文关怀，从《南方周末》学政治敏感，从《奥秘》学科学幻想。③跳出时空环境学语文。这就是所谓的远程学习、网络学习。大量的语文学习网站，给我们开辟了丰富多彩、真正互动的全新的学习形式。

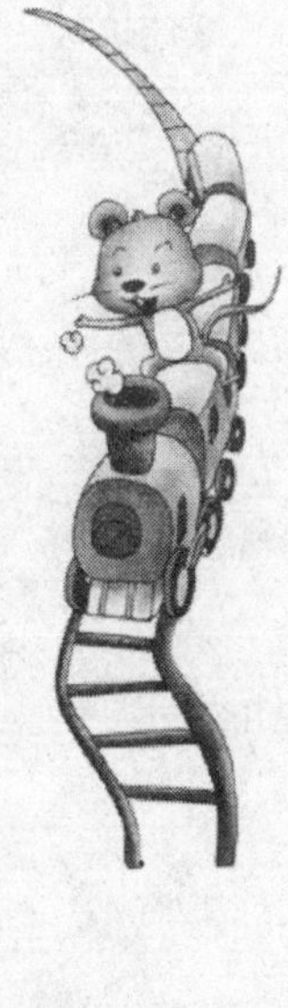

文学载体

快乐暑假

撇下沉重的书包，去看海；扔下考试的紧张，去爬山；抛下繁重的作业，去旅行。漫长而又快乐的暑假开始了，神秘而又轻松的时刻来临了！

暑假的每一天都开心得不可言喻，那种兴奋与激动不是一片刻的流动，而是永久的存留。每天早晨，没有了妈妈急促的催叫声，没有了小闹钟震动般的叮叮声。我毫无拘束地在梦中畅游着，不用担心迟到，不用害怕老师的训斥。当醒来时，看看闹钟已经9点多了，也许，这是我度过了漫长而紧张的学习生活后，最香甜的夜晚。一种轻松与快乐萌生而出。

中午，当太阳火辣辣地照耀着大地的时候，约出几个非常要好的伙伴，一起来到广场的水池边，嬉戏着。我们用手轻轻撩起一点水，洒向某个伙伴的身上，这时便传来了一阵欢笑声。也许那种笑声是世上最快乐、纯真无暇的笑声。当嬉戏完后，我们便坐在阴凉的松树下面，在一起有说有笑，快乐无比。下雨时，只要雨势稍小，再也不顾父母的阻拦，带上雨伞，走在湿润的小路上，大口大口呼吸着新鲜的空气，昔日上学的紧张与繁重，便一扫而光。有时还将雨伞收起，让自己的身体接受着小雨的滋润。顿时，一种莫名其妙的清爽便迎上心头。雨后，坐在广场上的小凳上，看着天边那道神奇而美丽的彩虹，一种平衡油然而生。

下午，夕阳斜照，温柔而美丽。借着这

美好的时光，我坐在我心爱的电脑前，无拘无束地在网中遨游。假期给我带来了无限的快乐与轻松，幸福的太阳照射着我们每一个快乐的人。

我为自己留一片沙滩，让我无拘无束地观海；我为自己留下一段林荫小路，让我轻松地爬上山顶；我为自己留下一个快乐又像梦游般的暑假，让快乐与轻松流遍每一天！

知识链接 ZHI SHI LIAN JIE

所谓记叙文，就是以叙述为主要表达方式，以人物的经历和事物发展变化为主要内容的一种文体。记叙文是用来描述事物的文章，时间、人物、地点、起因、经过、结果是记叙文的六要素。记叙文写作，是把自己的亲身感受和经历，通过生动、形象的语言，描述给读者。

记叙文的范围很广，如日记、游记、传说、新闻、小说等，都属于记叙文的范畴。

记叙文写的是生活中的见闻，要表达出作者对于生活的真切感受。

总的来说，以记叙和描写为主要表达方式的文章叫记叙文。

但记叙文写作，也会伴随自然流露的抒情和适当议论。

未来能源

因为地球的能源日益减少，各国首脑在一起商议对策，节省能源和开发能源成了一件大事，各国也在加紧开发新的可用的能源，各国都研究出了一套套科学有效的方案。

太阳能是可回收再生的能源，美国自然不会放过这个机会，他们生产出了一种可以反复回收太阳能的机器和可以将太阳能转换成煤气、天然气、氧气、二氧化碳等多项物质的机器。

俄罗斯主要注重于研究水力能源，因为，水力是可以发电的，俄罗斯的总统聘请了专业的动力学家来设计拦河坝，通过计算得出每一毫升水能得到多少千瓦时的电力，他们在拦河坝上装置一种密集的测力装置，通过能源转换得到多种可以利用的气体物质，他们建立了一种刷新装置，能有效地清除水中的杂质，这样，既延长了水使用的寿命，又能保证水还能使用，是一种两全其美

的方法，既经济，又实效。

中国注重对风力的运用和回收。中国地大物博，拥有的风力发电占世界的四分之一，在某些旷野地带，时常起风，这些风力发电机便转动长约三米的叶片。由于风力时强时弱，很不稳定，中国的科学家们确定几个常年风大的地区，在那里建造大约一百公顷的风力发电场，加强对风能的利用。这种对能源的利用既经济，又环保。

韩国致力于利用可燃冰作为生产能源的媒介，韩国的科学家把开采出的可燃冰和人造的可燃冰进行比较，虽然外表看上去相同，但是人造可燃冰缺失了十几种物质，实在是“不看不知道，一看吓一跳”。可燃冰是不可再生资源，开采过度可能会导致全球性的危机，所以韩国政府不得不寻找一种可以代替可燃冰的冰种，相信在不久的将来，他们一定会找到这种冰种。

法国是工业大国，工业的污染对地球来说是个致命的伤害，法国每一天都会排放大量的工业气体出来，在长时间的工业污染的情况下，许多建筑物的顶端都变成了黑色，甚至出现脱落现象。法国总统意识到了这种情况，立即下令停止工业生产，但是工业生产是法国的命根子，如果没有了工业，法国就无法在世界立足，因此，他们不得不翻山倒海地寻找那些已经少得可怜的能源。不过，他们最近又找到一种可以代替工业且无污染的方法，他们用这种方法，既减少了每天排放污水的量，又有效地控制住了地球臭氧层的损坏程度。

对于各国的能源开发利用的状况，我们得出了一个结论：地球上的能源虽多，但也不能够开采过度，倘若开采过度的话，人类也将无法在地球上存活。

知识链接 ZHI SHI LIAN JIE

说明文，就是以说明为主要表达方式来解说事物、阐明事理而给人以知识的文章。它通过对实体事物的解说，使人们对事物的形态、构造、性质、种类、成因、功能、关系或对事理的概念、特点、来源、演变、异同等有所认识，从而获得有关的知识。以说明为主是说明文与其他文体在表达方式上的区别标志。

常见的说明方法有举例子、分类别、作比较、列图表（列数字）、下定义、作诠释、打比方、摹状貌、作引用、作假设等。

常见的说明顺序有：时间顺序、空间顺序、逻辑顺序。说明的时间顺序和记叙的时间顺序相似。空间顺序，要特别注意弄清空间的位置，注意事物的表里、大小、上下、前后、左右、东南西北等的位置和方向。逻辑顺序，常以推理过程来表现。采用什么顺序，主要取决于说明对象的特点。说明事物的发展变化，时间顺序容易表示清楚。写建筑物的结构，离开空间顺序难让读者看明白。说明事理用逻辑顺序，便于体现事理的内部联系。

太 阳

“为着追求光和热，将身子扑向灯火，终于死在灯下，或者浸在油中，造就了飞蛾扑火的传说。飞蛾是值得赞美的，在最后一瞬间它得到光，也得到热了。”

连续几天都阴雨绵绵，今天终于见到梦寐以求的太阳。它如一个大暖炉般温暖着我的心，照耀着我，将银铃般的欢笑传递给孤单的我，将它拥有的全部爱无私地奉献给了人们。瞬间，大地发生了空前绝后的变化：被狂风暴雨摧打的小草在接受太阳光辉的照耀下，竟挺直了头，迎风而上：又顽强地抽出了新芽，在太阳的渲染下，显得更加的生机勃勃！啊！太阳的力量真伟大！

从古到今，人们一直追求着光明。夸父追赶日影，最终渴死在烈日下。夸父虽死，但他的精神是十分可贵的，他的行为充分说明了人们追求光明，对光明的向往以及渴望光明的意愿。

啊！太阳！请给我光和热，让我将这一份力量传达给世界的每一个角落吧！

知识链接 ZHI SHI LIAN JIE

散文是与诗歌、小说、戏剧并称的一种文学体裁，指不讲究韵律的散体文章，包括杂文、随笔、游记等。散文是最自由的文体，不讲究音韵，不讲究排比，没有任何的束缚及限制，也是中国最早出现的行文体例。通常一篇散文具有一个或多个中心思想，以抒情、记叙、论理等方式表达。

散文形散而神不散，文章文笔随意但字字句句都与主题中心有关。我国传统意义上的散文，其历史可以追溯到甲骨文时期，是除诗歌、戏剧、小说、辞赋以外的所有散体文章，包括政论、史论、传记、游记、书信、日记、奏疏、小品、表、序等各种论说、杂文。因为这些文章，既是美好思想情操的载体，也是语言艺术的典范，具有很高的审美价值，在长期流传过程中，它浇灌了各个时代的文学园地，也灌溉了历代文人，至今仍使人们受益。

当新年的钟声又一次敲响

同学们，你们都喜欢古诗吗？喜欢哪位诗人呢？诗仙李白，诗圣杜甫，诗鬼李贺，还是唐宋八大家？还是只是欣赏于古诗中优美的语句？其实我们学习古诗不是仅仅欣赏其中的词句，古诗更美的地方在于它的意境。今天啊，就让我们一起来学学如何学好古诗吧。

古人曰：　熟读唐诗三百首，不会作诗也会吟。孔子曰：“诗可以兴，可以观，可以群……”。有很多卓有成就的学者，在回顾自己成长历程时都感慨得益于早年的启蒙教育，尤其是古诗的诵读。从语言角度来看，古诗在遣词造句中力求体现作品的文学性，讲究平仄、对仗、韵律、节奏，富有音乐美。而幼儿时期是一个人记忆能力最强的时期，如果在此时期能大量记诵古诗，既可以锻炼幼儿口齿清楚伶俐，吐音准确流畅，又能让幼儿品味诗的优美意境，熏陶情怀，启迪智慧。那么怎样来培养幼儿古诗诵读的兴趣呢？

一、古诗内容的选择性

古诗内容丰富多彩，有写景、有抒情、有情景交融、有说理。格式上有五言、七言。我们根据古诗的特点，对其进行筛选，从短到长，由浅入深，先学五言，逐步过渡到七言，先学绝句，再教律诗，先选些描绘具体形象、叙说具体事件的，后选些抒发情感、表现气氛意境的，让我们的学习有个循序渐进的过程。

1.选择与生活接近的古诗内容

与生活接近的古诗我们学起来易懂、感兴趣。如骆宾王的《咏鹅》，鹅是小朋友们最熟悉最喜欢的动物之一。熟悉它的外形特征，白毛、红掌、长脖颈，熟悉它高亢的叫声，熟悉它在河中戏水的景态。因而理解起来比较容易，诗句也就自然而然印在脑海里。又如李白的《静夜思》，白居易的《赋得古原草送别》等都是比较接近幼儿的生活、脍炙人口、千古传诵的好作品。

2.选择与季节相符的古诗内容

一年四季春夏秋冬，有许多古诗是诗人赞美季节特有的景物、景色的。为了能让我们在每个季节中加深对景物的印象，保持教学的连贯性和系统性，从实际领悟能力入手，充分发挥我们的主观能动性。在读的时候多想象一些与之相近的内容，如冬季时，梅花开了，我们参观梅花在认识梅花的外形特征和了解梅花的品性后，学习古诗《梅花》，再画梅花，使我们对冬天特有的景物有深刻的印象。又如秋天我们学习了张籍的《秋思》，杜牧的《山行》等古诗，效果良好。

3.选择与节日主题相符的古诗内容

在中国，一年中有许多传统的节日，为了让我们在节日中能感受节日的气氛和特有的风土习俗，激发情感，我们可以选择与节日相关的古诗内容。如：在春节来临之际学习王安石的《元日》。清明节学习杜牧的《清明》，重阳节学习王维的《九月九日忆山东兄弟》等内容。这样不仅可以加深我们对节日的理解，也可以加速我们对故事的内容的理解及背诵。

同学们，试试上面说的学习古诗的方法。看看是不是真的又快又好地学会，并且背诵下我们书本中的古诗。

知识链接 ZHI SHI LIAN JIE

诗是最古老也是最具有文学特质的文学样式，来源于古代人们的劳动号子和民歌，原是诗与歌的总称。开始诗和歌不分，诗和音乐、舞蹈结合在一起，统称为诗歌。中国诗歌有悠久的历史和丰富的遗产。

阅读

多读多看多思考

五百年前，意大利的达·芬奇为了实现飞行的梦想，他仔细地观察鸟类翅膀的构造和作用，设计了一个像鸟翅膀的飞行器。虽然他没有真的试飞，但是已经给后来的飞行家很好的启发，在人类的飞行史上跨出了重要的一步。

要是只有梦想而不去实践，那么计划再美好也没有用，还得有实践。两百年前，日本人浮田造了一对大翅膀，把它们绑在自己的双臂上，看见的人都说他是个妖怪。浮田不理会别人的嘲笑，仍然继续实验，终于成功地从屋顶滑翔到地面上，以后试飞的人就越来越多了。

1896年，德国人利利安德鲁兄弟成功地使飞机飞了三十米高、二百米远，这项记录

震惊了全世界，在飞行史上写下了新的一页。这是由于他们的运气特别好吗？绝对不是！这次成功是两千多次挫败的经验汇集而成的结果啊！

要想成功，还要有坚定不移的信心。美国的莱特兄弟为了试验飞行，把钱都用光了。一个马戏团班主想聘请他们巡回表演飞行特技，但莱特兄弟要造一架飞得快而且安全的飞机，拒绝了这个难得的发财机会，要不是莱特兄弟有这么坚强的信心，人类恐怕要过好多年才飞得起来呢？

摘抄

同学们，你们有摘抄本吗？平时看到好的语句会注意摘抄吗？下面就看看一个小同学的摘抄笔记，我们看看这些句子美不美，你是不是也该有个这样记录妙句的摘抄本呢？

1.如果黑板就是浩渺的大海，那么，老师便是海上的水手。铃声响起那刻，你用教鞭作桨，划动那船只泊在港口的课本。课桌上，那难题堆，犹如暗礁一样布列，你手势生动如一只飞翔的鸟，在讲台上挥一条优美弧线——船只穿过……天空飘过来一片云，犹如你亮堂堂的心，一派高远。

2.希望源于失望，奋起始于忧患，正如

一位诗人所说：有饥饿感的人一定消化好，有紧迫感的人一定效率高，有危机感的人一定进步快。

3.别在树下徘徊，别在雨中沉思，别在黑暗中落泪。向前看，不要回头，只要你勇于面对抬起头来，就会发现，分数的阴霾不过是短暂的雨季。向前看，还有一片明亮的天，不会使人感到彷徨。

4.柔和的阳光斜挂在苍松翠柏不凋的枝叶上，显得那么安静肃穆，绿色的草坪和白色的水泥道上，脚步是那么轻起轻落，大家的心中却是那么的激动与思绪波涌。

5.生活的海洋并不像碧波涟漪的西子湖，随着时间的流动，它时而平静如镜，时而浪花飞溅，时而巨浪冲天……人们在经受大风大浪的考验之后，往往会变得更加坚强。

6.倘若希望在金色的秋天收获果实，那么在寒意侵人的早春，就该卷起裤腿，去不懈地拓荒、播种、耕耘，直到收获的那一天。

7.生活是蜿蜒在山中的小径，坎坷不平，沟崖在侧。摔倒了，要哭就哭吧，怕什么，不要装模作样！这是直率，不是软弱，

因为哭一场并不影响赶路，反而能增添一份小心。山花烂漫，景色宜人，如果陶醉了，想笑就笑吧，不要故作矜持！这是直率，不是骄傲，因为笑一次并不影响赶路，反而能增添一份信心。

8.日子总是像从指尖渡过的细沙，在不经意间悄然滑落。那些往日的忧愁和忧伤，在似水流年的荡涤下随波轻轻地逝去，而留下的欢乐和笑靥就在记忆深处历久弥新。

9.忧郁的心情蒸发了。

10.褪色的记忆。

11.硝烟又在和平的家中燃烧。

12.有些记忆被焚烧掉，有些记忆被埋在心底，纯真年代如流水划过金色年代。

13.我完全读懂了父母的心。

14.人世间的真情就像一张大网，时刻温暖着人的心扉，就如妈妈的爱一样，永无止境。

15.岁月，是一首诗，一首蕴含丰富哲理的诗，岁月是一只骆驼，驮着无数人的梦想。

16.往事如歌，在人生的旅途中，尽管有过坎坷，有过遗憾，却没有失去青春的美丽。相信自己，希望总是有的，让我们记住那句话：错过了太阳，我不哭泣，否则，我将错过月亮和星辰。

17.假如生活中你失败了，请不要将忧伤的泪水写在脸上。失败也是一种收获，生活中最重要的是有一份十足的勇气和一个创业的胆量。

18.曾经以为，一次无奈的哭泣，便是人世间所有的沧桑；一个小小的挫折，便是人生所有的失败。但是十四岁告诉我……

19.月光清幽。淅沥的雨滴打在茅屋上，昏黄的灯光下，母亲密密地缝着游子的夹衣，忽然，一阵冷风挤进茅屋的窗隙，母亲似乎着凉，带着浓浓的倦意咳嗽了几声。我梦中惊醒，怔怔地看着灯下年迈的母亲……

20.夜晚，春风柔和地吹着。我托着下巴，坐在落叶缤纷的台阶上，脑海里又浮现出一件难忘的事。

知识链接 ZHI SHI LIAN JIE

“摘抄”的好处

首先，这是一种培养主动、自觉的学习精神的有效途径。蜜蜂的采蜜从来都是主动的，从不会讲定额，计报酬，更不会独吞、偷懒、制假。所以，当我们从摘抄中尝到甜头后，把这一工作当做每天的必须、主动、自觉地去关注各种信息，把它们采撷到自己的仓库摘记本上，久而久之，这种主动求知，自觉积累的品质，不就自然而然地形成了吗？“不动笔就不看书，看到书就会动动笔”的习惯，不就慢慢地养成了吗？这种品质、习惯一旦具备，那么摘抄的第二个好处培养做学问的素质，也就跟着来了。我们都知道从古至今的大家们、大师们，他们之所以会给我们留下如此丰富的精神财富，无不与他们平时的辛勤采摘、整理酝酿有关。无论自然科学家，还是社会科学家，他们都有做卡片或摘记的习惯，甚至嗜好。作为中学生能养成摘记的习惯，摘抄了之后能经常看看，经常用用，那么对今后的写文章、出专著肯定能打下一个良好的基本功。

谈个人的思考，那么就能由摘记而进入札记的境界了，即不仅“摘”，而且“思”。这样久而久之，就会提高思维的品质，评判的能力，而创新的萌芽也就会破土而出了。这就是摘记的第三个好处。

养成读报的好习惯

这件事也许就发生在你的身边，也许就是你的爸爸、妈妈，也许是你的爷爷、奶奶，他边读报纸边烧菜，报纸还没读完，焦味却已充溢房间——原来读报读得着迷了，把锅里煮的饭菜忘到九霄云外，鸡鸭鱼肉变成了一堆黑炭。

报纸竟有这么大的魔力吗？回答是肯定的。爱读报纸的人都有这样的体会：假使这一天没有看报，就会感到浑身不自在。看报看到上瘾的程度，可真算是养成读报的习惯了。有位名人说得好："读报这件事，对于千百万人来说，几乎和吃饭一样必不可少。"

报纸上有什么东西这样令人着迷呢？诚然，惊天动地的新闻，回肠荡气的故事，是不会天天有的。不过，形形色色的消息，大大小小的事情，五花八门的知识，同样会像磁铁一样吸引人们。世界天天在变化，社会天天在发展，新人新事新科技层出不穷。这样，报纸就天天有新内容，每天都会给你新的感受，新的启发。报纸的诱惑力如此之大，怎可一日不读它呢？

那么又该怎样读报呢？过去一份报纸一般有4至8个版面。如今，社会信息量比过去明显增大，有的报纸已达到或超过16个版面。每个版面的内容又是相对固定的，一个人读自己喜爱的报纸，时间一长，各个版面的分工自然也就熟悉了。经常读报的人都知道，我们并不需要每天去细读每一份报纸，事实上这既无必要，也无可能。拿到报纸，我们可以先扫描式地将报纸上的重要新闻和主要标题过一过目，然后再选择自己感兴趣的内容细读一番。

当然，看报也要讲究文明。如果是看集体或别人的报纸，看完后都应该想到还有人要看，所以要稍加整理，并放在一定的地方。另外，看完后，若有条件，最好去洗洗手，以免沾染油墨污垢。

忠实的读者因经常读报，不仅乐趣无穷，而且开阔了视野，陶冶了性情，有的人因此而走上成功之路。毫无疑问，报纸的确是千百万人终身的良师和益友。

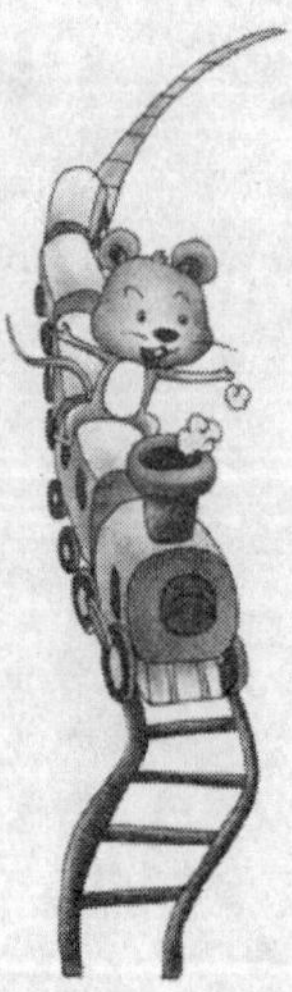

勤读报、会读报，你就会和大千世界息息相通，必将受益终身。这样的好习惯，我们从小就应该养成。

写读后感

溪水

透明的溪水，明净得就像母亲的眼睛。

春天，你的眼里是一片斑斓；

夏天，你的眼里是一片浓绿；

秋天，你的眼里是一片澄碧；

冬天，你疲倦了——合上眼睛，也停止了唱歌。

你摄取蓝天的云朵、黄昏的晚霞、夜空的星星；还留下我儿时的身影。

呵！这溪边沙沙作响的甘蔗林，带甜味的风，曾把我童年的梦吹拂！我躺在你的身边，感到靠在母亲胸膛上的幸福……

你是我们生活里的一支古老的歌——

你望见骑毛驴的迎亲的队伍来了，几支唢呐奏出欢喜的音乐；

你望见几个壮实的汉子，抬着笨重的木

棺来了，把老人送上山坡；

你也听见：山脚下的独轮车，带着吱吱哑哑的声音，在贫穷的土地上呻吟而过……

如果没有你，谁给我们留下自然的彩色；谁给我们记载山民的悲哀和欢乐呢？

透明的溪水，你给了我一双能够分辨色彩的眼睛。

当我在你身边，发现自己成为一个少年时，就不得不远行了。

你像养育我的母亲一样，送我出山吧！

我的感受：

文章开头把溪水视为“母亲的眼睛”，接着写出了春夏秋冬“眼睛”里流露出的色彩，这既是对溪水的歌唱，也是对母亲的歌唱，因为这溪水里曾“留下我儿时的身影”，曾让我享受过母爱般的幸福：她记住了山沟里发生的一切，记住了“山民的悲哀和欢乐”，并把养大了的“我”送出山去。溪水是歌，母亲是歌，文章本身也是一支哀怨的抒情山歌。溪水啊，我的“母亲”。母亲啊，就如同这溪水。母亲啊，你看着我长大，无微不至地照顾我。我留恋与你在一起的时候，与你在一起的感觉。我感受到了母爱！请原谅我儿时的淘气，请原谅我小时候不懂事！这一切，就让我现在来“弥补”。我爱你，我的母亲。请原谅我小时候不懂事！这一切，就让我现在来“弥补”。我爱你，我的母亲！

试着把看到的故事讲给身边的小朋友听

藏族人都爱吹笛子：牧羊人爱吹笛子，流浪的人爱吹笛子，出家的喇嘛也爱吹笛子。为什么人人都爱吹笛子呢？有这么一段故事：

很久以前，藏王朗达玛统治西藏的时候，苦差役像石块一样压得人们透不过气来。瘟疫、山洪、风暴，接二连三侵袭着人民。

有一次，朗达玛出来打猎了，尘土飞扬，遮蔽了半边天日，人喊马叫，惊动了整个山林。朗达玛牵着猎狗走进一个猎人的帐篷，帐篷里的小黑狗从来没有见过这么多人，吓得躲在一个美丽的女子身后，女子紧紧地抱着狗，头也不敢抬。朗达玛吼道：“当家的哪里去了？你这个女子怎么见我来了理也不理？来人，把她带回宫去！”

人群像风一样刮走了，帐篷里只留下小

黑狗在“汪！汪！”地叫，帐篷顶上的小幡在风中“咯咯”地响。猎人回来了。在老远的山坡上就高兴地喊道：“卓玛！卓玛！你看我给你带了什么回来啦！”喊了几声，不见人答应，他还以为是她在开玩笑哩。跨进了帐篷，他被吓呆了。这是什么景象啊！茶桶碎成八块，青稞洒了满地，缝了一半的一只靴子躺在门口……他山上山下到处找，“卓——玛！卓——玛！”地叫喊，除了山谷的回声，没有人答应，他带上小黑狗出去找妻子。

过了一座山，又一座山，渡了一条河，又是一条河。就像在草原上找一根羊毛那样困难。他还不知道卓玛正在朗达玛的王宫里受苦受难呢！在朗达玛的王宫里有洗不完的羊毛，有织不完的毡子。最可怕的要算是侍候朗达玛梳头。早上谁去替他梳头，下午就不见她回来，女伴们一天少一个，到哪里去了呢？谁也不知道。因此，每天轮到谁去梳头的时候，一定得向自己的女伴们挨个地告别。

这一天，卓玛被喊去侍候朗达玛梳头了。她告别了女伴，来到国王跟前，惴惴不安地打开他头上黄麻一样的头发。呀！一切都明白了：原来在他的头顶上长着一只又尖又硬的角。难怪梳头的人都回不去了，发现

了他是个长角的人，他还不杀了她！卓玛替他编着发辫，眼泪像断了线的珍珠一样滚下面颊，滴到朗达玛的颈项里。朗达玛抬头一看，原来是那次打猎带回来的女子，便问：

“喂！你为什么哭？”

“我想您一定要杀掉我了！”

“我怎能不杀掉你呢？你会到处去讲：‘朗达玛是个妖精啊！朗达玛头上有角！’那还了得！”

卓玛哀告说：“大王，您不是怕我乱讲吗，我一定不对第二个人讲，我永远替您梳头，那么永远没有第二个人知道您的秘密了。”

“不行，我不相信你的话！”

“我可以起誓！”

朗达玛也舍不得杀掉这美丽的女子了，他想了想说："好吧！那你就起誓吧！"卓玛起了誓，朗达玛没有杀她。她是第一个梳了头又回到女伴当中去的女子。

卓玛虽起了誓，但心中实在憋不住，她对这个仇人，这个大魔头恨透了。他的这桩事让人们都知道多么好啊！可是自己亲口起了誓，起了誓就不能犯誓了。一天，当她又出去洗羊毛的时候，四周没有一个人。朗达玛头上又尖又硬的角又在她眼前晃，她真想把这件丑事讲出来。这时，她伏在地上对老鼠洞说："喂！你们知道吗？朗达玛头上是有角的呀！"说完以后，心里感到十分舒服、畅快，并且心安理得，自己没有违背自己的誓言。

说也奇怪，从那天以后，在老鼠洞上长

出了一棵竹子，一天天长大，长得细细的，长长的，好看极了。

这时候猎人带着小黑狗找寻妻子，到处流浪，也漂泊到这里。他发现了这棵竹子，心想："把它砍下来，弄支笛子来吹吹，解解闷吧。"于是砍下了竹子，做成了笛子。这支奇怪的笛子吹不出欢乐的调子，也吹不出悲凉的调子，却从里面发出他所熟悉的声音："喂！你们知道吗？朗达玛的头上是有角的呀！"猎人明白了，卓玛是被朗达玛抢走了。他带着笛子，到处跑，到处吹，吹遍了所有城镇，吹遍了所有村庄，吹遍了所有牧场。人们知道了压在头上的朗达玛原来是长着角的妖精，纷纷起来反抗。最后，一位穿白衣骑白马的英雄，终于把朗达玛一箭射死，替百姓除了害，大家才脱离了苦海。

从那以后，猎人带着妻子，吹着笛子到处游逛。这笛子一直吹出欢乐的调子。他把自己的故事编成曲子，到处吹，到处唱。人们喜欢这猎人，也喜欢上了笛子。

寓言故事

被同伴驱逐的蝙蝠

很久以前，鸟类和走兽，因为发生一点争执，就爆发了战争。并且，双方僵持，各不相让。

有一次，双方交战，鸟类战胜了。蝙蝠突然出现在鸟类的堡垒。“各位，恭喜啊！能将那些粗暴的走兽打败，真是英雄啊！我有翅膀又能飞，所以是鸟的伙伴！请大家多多指教！”

这时，鸟非常需要新伙伴的加入，以增强实力。所以很欢迎蝙蝠的加入。

可实际上蝙蝠是个胆小鬼，等到战争开始，便避不露面，躲在一旁观战。后来，当走兽战胜鸟类时，走兽们高声地唱着胜利的歌。蝙蝠却又突然出现在走兽的营区。“各位，恭喜！把鸟类打败！实在太棒了！我是老鼠的同类，也是走兽！敬请大家多多指教！”

走兽们也很乐意地将蝙蝠纳入自己的同伴群中。

于是，每当走兽们胜利，蝙蝠就加入走兽。每当鸟类们打赢，他又成为鸟类们的伙伴。

最后战争结束了，走兽和鸟类言归和好，双方都知道了蝙蝠的行为。当蝙蝠再度出现在鸟类的世界时，鸟类很不客气地对他说：“你不是鸟类！”

被鸟类赶出来的蝙蝠只好来到走兽的世界，走兽们则说：“你不是走兽！”

蝙蝠又被赶走了。

最后，蝙蝠只能在黑夜，孤独地偷偷地飞。

同学们，谁能说说这个寓言故事告诉我们一个什么样的道理呢？

知识链接 ZHI SHI LIAN JIE

寓言故事是文学体裁的一种。含有讽喻或明显教训意义的故事。它的结构简短，多用借喻手法，使富有教训意义的主题或深刻的道理在简单的故事中体现。寓言的故事情节设置的好坏关系到寓言的未来。中国很多著名的寓言故事如《揠苗助长》、《自相矛盾》、《郑人买履》、《守株待兔》、《刻舟求剑》、《画蛇添足》等，古希腊《伊索寓言》中的名篇《农夫和蛇》在世界范围享有很高的知名度。这些寓言的成功之处在于故事的可读性很强，无论人们的文化水平高低，都能在简练明晰的故事中悟出道理。

文言文成语故事

士别三日

三国时期东吴的吕蒙，可说是一个博学多才的人，周瑜死后，他继任东吴的都督。吕蒙设计击败了蜀汉的关羽，派部将潘璋把关羽杀死后，不久他也死去了。

吕蒙本来是一个不务正业不肯用功的人，所以没有什么学识。鲁肃第一次见他，觉得此人没有什么可取的地方之处。后来，鲁肃再次遇见他时，却看见他已和从前完全不同，是那样威武，跟他谈起军事问题来，显得很有知识，使鲁肃觉得很惊异，便笑着对他开玩笑说：

“现在，你的学识这么好，既英勇，又有计谋，再也不是吴下的阿蒙了。”

吕蒙答道：

“人别后三天，就该另眼看待呀！”吕蒙的话，原文是“士别三日，刮目相待”。

后来，人们便用“士别三日”这句话，来称赞人离开后不久，进步很快的意思。

知识链接 ZHI SHI LIAN JIE

文言文是中国古代的一种书面语言，主要指以先秦时期的口语为基础而形成的书面语。俗称“之乎者也”。

读书破万卷，加大阅读量

爱学习的李密

隋炀帝第一次进攻高丽，被打得大败。一百多万隋军兵士，逃回来的只有二千七百人。这样的惨败，并没有使这个骄横的暴君死心。才隔一年，他又发动第二次对高丽的进攻。他亲自率领大军攻打辽东，派大臣杨玄感在后方黎阳督运粮草。

杨玄感的父亲杨素，原是隋炀帝的亲信，曾帮助隋炀帝夺取皇位。后来受到隋炀帝的猜忌，郁郁不乐地死去。杨玄感为此对隋炀帝早就不满，这一回看到局势混乱，就想利用这个时机推翻隋炀帝。

杨玄感以督运粮草的名义，征发了年轻力壮的民夫、船工八千多人，要他们运粮到辽东前线。那些年轻人恨透了劳役，听说叫

他们远离家乡去干苦差事，更加气愤。

有一天，杨玄感把民夫集合在一起，说：“当今皇上不顾百姓的死活，让成千上万的父老兄弟死在辽东，这种情况不能再忍受下去。我也是被逼来干这件事的。现在我决心跟大伙一起，推翻暴君。你们看怎么样？”

大伙一听有人带头反对朝廷，怎么不愿意，顿时响起一片欢呼声。

杨玄感把八千民夫编成队伍，发给武器，准备进攻隋军。他发现他身边缺少一个谋士帮他出谋划策，不禁想起了正在长安的好朋友李密。

李密的父亲是北周和隋朝的贵族。李密少年时候，被派在隋炀帝的宫廷里当侍

卫。他生性灵活，在值班的时候，因常左顾右盼，被隋炀帝发现了，认为这孩子不大老实，就免了他的差事。李密并不懊丧，回家以后，发奋读书，决定做个有学问的人。

有一回，李密骑着一头牛，出门探望朋友。在路上，他把《汉书》挂在牛角上，抓紧时间读书。正好宰相杨素坐着马车在后面赶上来，看到前面有个少年在牛背上读书，暗暗奇怪。

杨素在车上招呼说："哪个书生，这么用功啊？"

李密回过头来一看，认得是宰相，慌忙跳下牛背，向杨素作了一个揖，报了自己的名字。

杨素问他说："你在看什么？"

李密回答说："我在读项羽的传记。"

杨素跟李密亲切地谈了一会，觉得这个少年人很有抱负。回家以后，杨素对儿子杨玄感说："我看李密这孩子的学识、才能，比你们几个兄弟强得多。将来你们有什么紧要的事，可以找他商量。"

从那以后，杨玄感就跟李密交上了朋友。

这回杨玄感要找谋士，想起他父亲的叮嘱，就派人到长安，把李密接到黎阳来。

李密到了黎阳，杨玄感向他请教："要

推翻隋炀帝，这个仗该怎么打法？”

李密说：“要打败官军，有三种办法。第一，皇上现在在辽东，我们带兵北上，截断昏君退路。他前有高丽，后无退路，不出十天，军粮接济不上，我们不用打也能取胜，这是上策。第二是向西夺取长安，抄他们的老巢。官军如果想退军，我们就拿关中地区做根据地，凭险坚守，这是中策。第三是就近攻东都洛阳。不过这可是一条下策。因为朝廷在东都还留着一部分守兵，不一定能很快攻得下来。”

杨玄感急于求成，听完这三条计策，觉得前两条都太费时间，说：“我看你说的下策，倒是个好计策。现在朝廷官员家属，都在东都。我们攻下东都，把家属都俘虏起来。官军军心动摇，保管能取胜。”

杨玄感立刻从黎阳出兵攻打东都，一路上，有许多农民踊跃参加起义军，队伍扩大到十万人，接连打了几个胜仗。隋炀帝正在带领大军猛攻辽阳，得到告急文书，连夜退兵，派大将宇文述等带领大军分路攻杨玄感。杨玄感抵挡不住，想往西退到长安去。宇文述带兵跟踪追击，最后，把杨玄感的人马围住。杨玄感没路可走，终于被杀。

李密从混乱中逃了出来，想偷偷地逃回长安。但是隋军搜捕得很紧，李密还是被抓

住了。

隋将派兵把李密押送到隋炀帝的行营去。半路上，李密跟十几个犯人一商量，把他们随身带的钱财都送给押送的隋兵，供他们吃喝。隋兵受了他们的贿赂，喝酒作乐，防备松懈下来。李密他们就趁隋兵酒醉糊涂的时候，瞅个机会跳墙逃跑了。

聪明机智的李密虎口脱险，他的学识与智慧得到了人们的认可。

知识链接 ZHI SHI LIAN JIE

古人说：读万卷书，行万里路。书本教给我们经验，而生活给我们提供了实践的机会。为了我们能在生活中做个出色的强者，我们一定要在平时加大阅读量，在书本中学习和积累更多的知识，学习古人或前辈留给我们的经验，站在巨人的肩膀上看世界，会让我们眼界更宽广，理解更深刻。

作文

景物描写

春

当春带着她特有的新绿，海一样地漫来时，真能让人心醉；

当春携着她特有的温煦，潮一样地涌来时，也能让人断魂。

春，绝对是一桢浸染着生命之色的画布。

新绿、嫩绿、鲜绿、翠绿，满眼的绿色呀，温柔着我们的视线。还有那星星般闪动的一点点红、一点点黄、一点点粉、一点点紫呀，也惊喜着我们的目光。

于是，开始在春天漫步。

踩在她松软的泥土上，才知道生命的温床可以如此地平实。只要季节的老人飘然而至，所有沉睡的种子，都可以在这里孕育，并赋予生命一种变换的姿态。

春，绝对是一幅饱蘸着生命繁华之画卷。

无论是破土而出的，还是含苞待放的；无论是慢慢舒展的，还是缓缓流淌的；也无论是悄无声息的，还是莺莺絮语的，只要季节老人把春的帷幕拉开，他们就会用自己独特的方式，在这里会演自然那神奇的活力。

于是，开始在春天漫游。

披着柔媚的春光，让略带甜意的风，从身边掠过。就会领悟到春的气息里，其实包含着一种最令人感动的柔情。你会觉得大自然就是一位奇特的母亲，她竟选择在万物萧条的冬的尽头，将千姿百态的生命孕育而出，让它们踏着那最为柔媚的第一缕春光，相拥而至，把无限的生机带给人世。

春，也是一拱彰显着生命神奇的画廊。

你看，每一种生命都有自己特定的形态，而每一种特定的形态，都包含着特定的生命信息。无论是高大的，还是弱小的，都要经历着有生也有死的历程，也都有稚气和成熟的时节。无论是引人注目的，还是平淡无奇的，都要沿着那特定的时令轨迹，在自己特定的生存空间里，完成一段生命的壮举。也无论是否有名有分，无论是生在富饶的家园，还是长在贫瘠的沙土，所有所有的、所有的在春天萌生的万物呀，都用自己独特的方式，用尽全部的热情，谱出一曲生命的颂歌。

这就是春，因着萌生在这里的生命的齐奏，让我真真切切感受到一种神奇的美丽。

知识链接 ZHI SHI LIAN JIE

同学们，地有各貌，不同的环境有不同的特点。因此，我们要仔细观察景物，抓住特点写得具体，让人有身临其境之感。请看以下片段，想想作者是怎样抓住景物特点进行描写的：夏日的中午，万里碧空上飘着朵朵白云。这些白云，有的几片连在一起，像海洋里翻滚着银色的浪花，像层峦叠嶂的远山，有时在一片银灰色的大云层上，又漂浮着一朵朵大小不一、形状不一的云朵，就像岛屿礁石上怒放的海石花。在这里，作者抓住了白云的形状、大小进行描写。

同学们，以上片段告诉我们，要写好景物，可以抓住景物的形状、大小、色彩、数量、声响、神韵、变化等这些方面进行描写。这样就可抓住景物的特征，使读者感到鲜明生动，有身临其境之感。当然，并不是在写每种景物时，都要运用以上这些描写方法，应根据所写景物的特征，有所侧重地选择景物描写方法，而且写时要展开丰富的联想。另外，还须注意描写景物也要按一定的顺序，一层一层地写。有的按景物的远近写；有的按方位写；有的按整体与局部的关系写，等等。但不能像列清单一样地把所有景物都写下来，要抓住特点，有重点地写。最后，要说的是：不管写什么景物都要写出自己的真情实感。

有心理有动作的描写

例1：我只得坐在位置上发呆，这感觉是多么难熬啊，更何况旁边那位仁兄还在一个劲儿地抽烟，烟味把我熏得够呛。鼻子难受得要命，我只好转过身去。再看看周围，大家有说有笑，没有一丝烦躁。“他们怎么那么有耐心啊？”我生气地想。时间似乎故意和我作对——表走得慢极了，烦躁、焦急一起涌上心来，我不停地看表，盯着那慢慢移动的秒针。41、42、43……我慢慢地数着，心里冒出一股无名火——你咋跑得这么慢呢！

例2：上课了，我连作业都不写了，一直在背书。（万一老师抽查到我，看我背得结结巴巴，会不会批评我呢？要是老师抽查到我会背的小节就好了，就怕老师抽查我不会背的段落，那我就惨了！）可等了半天老师还是没有抽到我。一会，抽到我这组了，我的同桌被老师抽到了。他背得不熟，老师说下午还要抽查他。我心想：下一个肯定轮到我了，我会不会背得和他一样糟呢？可是直到下课，老师也没有抽查我。（今天我真幸运，我回家一定要好好地背，要是老师明天接着抽查的话，就不会结结巴巴了，也不用挨老师批评了。）

知识链接 ZHI SHI LIAN JIE

动作描写是文学作品中塑造人物最为重要、也是最常用的一种方法，人物正是在言行中站立起来的。古今中外的文学作品离不开对动作的传神描绘：葛朗台死前独具特色的动作，范进中举后出人意料的疯癫，无不幽默风趣、入木三分。正如契诃夫所说的“最好还是避免描写人物的精神状态，应当尽力使得人物的精神状态能够从他的行动中表现明白。”成功的动作描写能突出人物特点或者体现人物性格和内心世界。

心理描写就是对人物内心的思想情感活动进行描写。描写人物的思想活动，能反映人物的性格，展示人物的内心世界。所以，心理描写也是刻画人物思想性格的重要手段之一。人物的内心世界是很丰富的，心理描写就是要充分揭示出人物内心的喜、怒、哀、乐，以及爱慕、思念、苦闷、痛苦、怨恨、惊恐、嫉妒等等。常见的心理描写方式有：内心独白、思忆联想、梦境幻觉等。心理描写作用：通过对人物心理的描写，能够直接深入人物心灵，揭示人物的内心世界，表现人物丰富而复杂的思想感情。

外貌描写

我的数学老师

我的小学数学老师有三个，现在教我的是罗老师。

罗老师个子挺高，她的头发是淡黄色的，后面有些卷。她有一双大大的眼睛，鼻子不扁也不太翘，嘴巴也不大不小。罗老师通常会戴耳环。因为罗老师长得漂亮，所以她穿什么衣服都合适，她也会穿很时尚的衣服。

罗老师虽然很年轻，但是对我们特别负责，我们班做练习时总会有人出错，因为时间不够，所以不能在课堂上讲解，但老师会叫那些写错的同学放学后留下来，然后再给他（她）们一一耐心讲解，直到听懂为止，那些同学中有一些会埋怨：把自己留得这么晚。他（她）们难道不知道，老师也留在学校，难道这不是浪费了老师的时间吗？老师

是因为关心你，才会给你讲解，不是嘛?

有一次，我们在教室写作业，罗老师则一边走一边看我们作业完成的怎么样，如果有人不会就给他（她）讲。教室里静极了，我正做得起劲，眼看就要做完了，没想到半路杀出个程咬金———道题目做不出来，于是我绞尽脑汁地想。草稿列了一大半，可是还是做不出来，正在我冥思苦想之际罗老师走了过来，轻轻地问：“怎么了？有题目做不出吗？”我点了点头，于是她把书朝那边挪了挪，看完题目后，她拿起笔，翻开草稿本，轻轻地在题目上划了划，又轻轻地给我讲起来。我茅塞顿开，思路有如打开的水龙头，一发不可收拾。题目做完后，罗老师看了看我的算式，说：“现在明白了吧？”我点点头。她微笑着又去查看其他同学的作业了……

罗老师就是这样，兢兢业业，对自己的学生负责。

知识链接 ZHI SHI LIAN JIE

外貌描写，也称肖像描写。即对人物的容貌、衣着、神情、体型、姿态等进行描写，以揭示人物的思想性格，表达作者的爱憎，加深读者对人物的印象。外貌描写的要求是：根据需要，抓住特征，绘形传神，刻画性格，显示灵魂。其关键在于：第一，进行肖像描写，据情节发展的需要去写，写到人就必写人的肖像。第二，外貌描写切忌公式化、脸谱化。一般情况下，“人如其面”。然而人的内心与外表并不完全一致，外表漂亮不一定心灵美，而且，“知人知面不知心”。优秀作品中写的好人外貌不一定都是漂亮、英俊；写的坏人也并不一定都是麻子、瞎子、跛脚。

细节描写

冬天

说起冬天，忽然想到豆腐。是一“小洋锅”（铝锅）白煮豆腐，热腾腾的。水滚着，像好些鱼眼睛，一小块一小块豆腐养在里面，嫩而滑，仿佛反穿的白狐大衣。锅在“洋炉子”（煤油下打气炉）上，和炉子都熏得乌黑乌黑，越显出豆腐的白。这是晚上，屋子老了，虽点着“洋灯”，也还是阴暗。围着桌子坐的是父亲跟我们哥儿三个。“洋炉子”太高了，父亲得常常站起来，微微地仰着脸，觑着眼睛，从氤氲的热气里伸进筷子，夹起豆腐，一一地放在我们的酱油碟里。我们有时也自己动手，但炉子实在太高了，总还是坐享其成的多。这并不是吃饭，只是玩儿。父亲说晚上冷，吃了大家就会暖和些。我们都喜欢这种白水豆腐；一上

桌就眼巴巴望着那锅，等着那热气，等着热气里从父亲筷子上掉下来的豆腐。

又是冬天，记得是阴历十一月十六晚上，跟S君、P君在西湖里坐小划子。S君刚到杭州教书，事先来信说："我们要游西湖，不管它是冬天。"那晚月色真好，现在想起来还像照在身上。本来前一晚是"月当头"；也许十一月的月亮真有些特别吧。那时九点多了，湖上似乎只有我们一只划子。有点风，月光照着软软的水波；当间那一溜儿反光，像新砑的银子。湖上的山只剩了淡淡的影子。山下偶尔有一两星灯火。S君口

占两句诗道："数星灯火认渔村，淡墨轻描远黛痕。"我们都不大说话，只有均匀的桨声。我渐渐地快睡着了。P君"喂"了一下，才抬起眼皮，看见他在微笑。船夫问要不要上净寺去，是阿弥陀佛生日，那边蛮热闹的。到了寺里，殿上灯烛辉煌，满是佛婆念佛的声音，好像醒了一场梦。这已是十多年前的事了，S君还常常通着信，P君听说转变了好几次，前年是在一个特税局里收特税了，以后便没有消息。

在台州过了一个冬天，一家四口子。台州是个山城，可以说在一个大谷里。只有一条二里长的大街。别的路上白天简直不大见人，晚上一片漆黑。偶尔人家窗户里透出一点灯光，还有走路的拿着的火把；但那是少极了。我们住在山脚下。有的是山上松林里的风声，跟天上一只两只的鸟影。夏末到那里，春初便走，却好像老在过着冬天似的；可是即便真冬天也并不冷。我们住在楼上，书房临着大路；路上有人说话，可以清清楚楚地听见。但因为走路的人太少了，间或有点说话的声音，听起来还只当远风送来的，想不到就在窗外。我们是外路人，除上学校去之外，常只在家里坐着。妻也惯了那寂寞，只和我们爷儿们守着。外边虽老是冬天，家里却老是春天。有一回我上街去，回来的时候，楼下厨房的大方窗开着，并排地挨着她们母子三个；三张脸都带着天真微笑地向着我。似乎台州空空的，只有我们四人；天地空空的，也只有我们四人。那时是“民国”十年，妻刚从家里出来，满自在。现在她死了快四年了，我却还老记着她那微笑的影子。

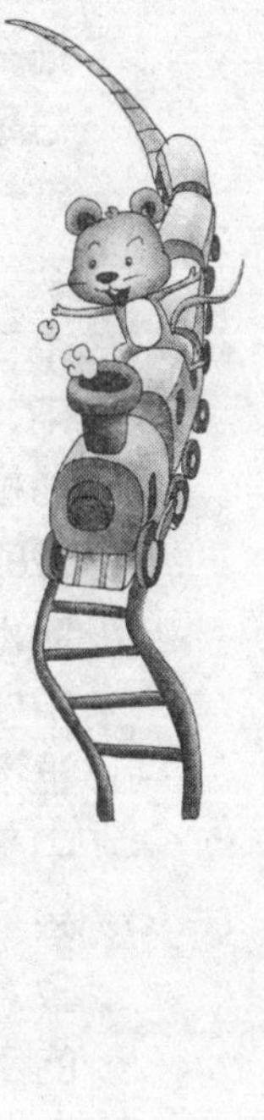

无论怎么冷，大风大雪，想到这些，我心上总是温暖的。

知识链接 ZHI SHI LIAN JIE

可以说任何一篇文学作品中，无论是人物性格的刻画，还是故事情节的展开，典型环境的描绘都离不开真实而又生动的细节描写。好的细节描写能把人物或事物最本质的性状鲜明而又逼真地呈现在读者面前，从而增强作品的真实感和艺术感染力。具体来说，主要有以下三个方面的作用。

一、突出人物的性格

例如，《卓越的科学家竺可桢》一文中，有一处细节是：竺可桢每天早晨一起床就把那支放在铜套子里的钢笔式温度计，拿到院子里放好，然后做早操。做完早操又把温度计拿到屋里，记录当天的气温。这支温度计，他经常插在外衣右边的小口袋里，长久地插来插去，小口袋盖布总是先磨破了。这样，做衣服时，他爱人就请成衣工人多做一块小口袋盖布，留着拆换。

这不起眼的一小块口袋盖布却反映出这位科学家一丝不苟、严谨勤奋的可贵精神。又如，周立波的《分马》之中，作者对老孙头的刻画也有这么一个细节描写：他狠狠地抡起木棒，棒子落到半空，却扔在地上。作者用细致入微的动作细节，刻画出老孙头对马又爱又恨的心理活动，使人物的性格真实而鲜明。这样的细节描写，在文学作品中可以说是比比皆是。谁能忘记阿Q临刑前画圈的细节；谁不记得朱自清的父亲爬月台时的背影，至于《变色龙》中奥楚蔑洛夫穿脱“道具”——军大衣的动作，相信谁都会记忆犹新。这些细节描写都给人留下了难以磨灭的印象。刻画人物离不开外貌、语言、动作、心理等这些常规的手法，但如果在此基础上，再有细致入微的细节，就会使作品锦上添花，使人物的性格特征更突出、更典型。

二、展示故事情节

话剧《陈毅市长》中，一开始介绍齐仰之的家时，特别提到了墙上那醒目的字条：闲谈不得超过三分钟，本室主人敬白。这个细节的出现为下文剧情的发展埋下了伏笔。开始陈毅市长好不容易“破门”，又受到“三分钟”的限制，而后陈毅市长采用激将法迫使齐仰之“破例”，有“三分钟”而到后来的“秉烛夜谈，三天三夜”。正是这个小小的字条而使剧情波澜起伏，故事情节也围绕这小小的字条而得到展示，人物性格也在矛盾中得到了展示。

三、营造典型的环境，渲染人物心情

还是《卓越的科学家竺可桢》一文，作者在写竺可桢到毛主席住处时，有一处细小的景物描写：雪后初晴，玉树琼枝，掩映如画。寥寥几字就烘托出当时的气氛虽是冬日，却温暖如春。烘托出会见时的融洽气氛，衬托人物的愉快心情。

细节描写的作用如此之大，那么我们写作文时又该如何去选择细节呢？

首先，要真。细节的描写必须入情入理，符合生活真实。恩格斯把细节的真实视为现实主义创作的一个重要原则。古今中外的许多的作家都非常重视细节的真实性。列夫·托尔斯泰曾指出高尔基的作品中关于火炉摆法的错误。

其次，是细。一是取材要小而具体，二是描写要细致入微。三是要精。细节在精而不在多，杜鹏程说：“要从一百个细节中选择一个细节。”细节描写贵在传神。

回首许多的文学作品，我们记忆最深的也无非是一两处的细节描写，可见好的细节描写无疑起着画龙点睛的作用。只有平时深入细致地去观察生活，关注生活的细枝末节，才能在写作文时以小写大，见微而知著，给自己的文章添色生辉。

小狗打架

每逢新春佳节，我都要随着爸爸妈妈去楼塔给外公外婆拜年。因为那里的狗很多，所以小狗们会时常为某种原因而打架。真巧，今天早上，我刚走出家门准备去玩，就看见了两只小狗打架的精彩场面。只见路上有两只胖乎乎的黑色小狗，它们为了争一块骨头而打得不分胜负。我非常好奇，便认真观看起这场“决斗”。

那只稍微大一点的黑狗，抢到了骨头，转身就跑。那只稍小一点的小狗也毫不示弱，紧追上去，使叼着骨头的狗没有喘气之机。就这样，它们跑了一大圈，又回到了原来的地方。这时，前面的狗终于被激怒了，回过头来，把那只小狗压倒在地，不让它动弹，顺便想趁机吃掉骨头。可是被压在下面的小狗叫着、挣扎着，使上面的狗不得安宁。过了一会儿，那只被压在下面的小狗，居然不叫了、也不挣扎了。大黑狗还以为那只可怜的小狗认输了呢，于是，就在上面的黑狗准备放掉小狗去饱餐一顿时，小狗不知哪来了一股劲，用力抬头，使劲咬住黑狗的身体。黑狗痛得“汪汪”大叫，嘴里的骨头也掉了下来。

这块骨头像是黑狗亲自送上的美餐，刚好掉在了这只狗的嘴边。骨头送到了嘴上，它也不再撕咬压在它身上的狗了。它一口衔住骨头，一骨碌爬了起来，跑到一边，津津有味地嚼起自己的“战利品”。它一边嚼着骨头，一边“汪汪”直叫，向黑狗摇尾巴示威，好像在说：“老兄，还是我赢了吧！”

这是多么有趣的一场“决斗”呀！

知识链接 ZHI SHI LIAN JIE

写日记的好处：写日记是一个相当好的习惯，一位著名的心理学家还说过，一个好的习惯可能会造就一个好的命运。

我写日记有好几个年头了，已经是一个习惯了，不过对于命运而言，可能还不至于此，但写日记真的有很多的好处。

1.写日记可以提高文学素养，完善文学功底，帮助我们写一手好文章。

2.写日记能让我们知道过去的某年某月某日我们在干什么，让我们记住时光流水，珍惜我们的美好时光。

3.写日记教会我们发现生活，感悟生活，学会感恩。

4.写日记能帮助我们珍藏回忆，即使我们忘了也不要紧，因为当我们翻开日记的时候，往日就会重现。

5.写日记能让人思考生活，思考人生，学会用有理性的思想，感性的认知，树立正确的人生观和世界观。

6.写日记能让人抒发心理的感受，有利于心理的健康。

日记，日有所记，记有所得，得有所悟，悟有所思，每日如此，善莫大焉！

把自己喜欢的好的句子背下来

1.细细的春雨就像春姑娘纺出的线一样。

2.弯弯的月亮像一条小船挂在夜空中。

3.茫茫的草原像一张无边无际的地毯。

4.圆圆的池塘就好像一面大镜子。

5.弟弟的脸蛋像苹果一样又圆又红。

6.天上的朵朵白云像羊群一样东游西荡。

7.太阳像一个大火球似的高高地挂在天空。

8.大象的耳朵就好像两把大大的蒲扇。

9.树上的苹果像灯笼似的又大又红。

10.字典就好像一个不开口的老师一样。

11.夜空中的星星就像无数只眼睛似的，一眨一眨的。

12.柳树的枝条就好像无数根绿色的丝带一样。

13.美丽的彩虹就像一座七彩的桥一样高挂在雨后的天空。

14.刺猬的身体如同一个长满了钢针的小圆球。

15. 弯弯的小河像一条彩带似的向远方飘去。

16.这句话仿佛是一束温暖的阳光直射我的心田，抚慰了我受伤的、幼小的心灵。

17.书是智慧的钥匙。

18.横眉冷对千夫指，俯首甘为孺子牛。

19.这几天的天气真是太冷，寒风吹在脸上好像刀割一样。

20.邱少云像千斤巨石一动不动趴在火堆里。

21.那个人骨瘦如柴。

22. 这个人壮硕如牛。

23.在图书馆趴着睡觉的时候流口水，就像晚年石钟乳一样。

24.钱钟书在《围城》里说：打呼噜像放长线的风筝。

25.西湖像一块碧玉，一面镜子。

26.只看一个人的著作，结果是不好的：因为你得不到多方面的优点。必须如蜜蜂一样，采过许多花，这才能酿出蜜来，倘若叮在一处，所得就非常有限，枯燥了。

27.天上的云像峰峦，像河流，像雄狮，像奔马……

28.夜幕四合，周围的群山，像高大的山神，像神秘的古堡，像沮丧的巨人，像一条连绵不断的地毯。

29.远处的霓虹灯亮了，像一道亮丽的彩虹，像仙女飘舞的裙带，像一座七彩小桥，像一朵朵耀眼、绚丽的云。

30.我的心像刀绞一般，泪水模糊了我的眼睛。

31.太阳会发光，会发热，是个大火球。

32.人潮卷来卷去，堤坝变成了露天舞台。

33.诸葛亮下令把船头朝西，船尾朝东，一字儿摆开。

34.炕沿上坐着的那个鬼子军官，两眼红红的，像刚吃过死人的野狗。

35.他打破了一块玻璃，吓得像妖怪一样逃跑了。

36.春天到了，大地变成了一片绿毯。

37. 一艘银灰色的气垫船，像一匹纯种烈马，在金波粼粼的海面上飞掠而过。

38.她的文章写得很好。结构就像人体内的神经结和神经网的关系那样严密。

39.小弟弟的脸胖乎乎、红扑扑的，看上去真像一个可爱的大苹果，我真想去咬上一口。

40.远远望去，泰山峰上的松树连成一片，浓浓的，看上去就像人的颧骨上横着的一道剑眉。

41.食堂开饭时，全校同学像热锅上的蚂蚁一样挤成一团。

42.敌机逃窜了，我们的飞机紧紧追在后

面，像豺狗追小白兔一样，一前一后。

43.像鹅毛，像芦花，像棉絮的大雪降落下来。

44.火红的枫叶像火花一样纷纷地飘落下来。

45.运动员像离弦的箭一般向终点跑去。

46.北极星像盏指路灯一样挂在天空。

47.梦像一条小鱼，在水里游来游去，想捉它，它已经跑了。

48.梦像一片雪花，在空中飘舞，想抓住它，它已经融化了。

49.我像风筝一样，不能远走高飞，痛苦无奈像秋千一般，荡了出去又回来。

学以致用的故事

有一个名叫田仲的人，自命清高，不愿与达官贵人为伍而隐居乡间，认为自己这样做是十分明智的。

宋国有个叫屈谷的人到田仲那里去见他，对他说：“我是个庄稼人，没有什么别的本事，只会干农活，特别是在种葫芦上很有方法。现在，我有一个大葫芦。它不仅坚硬得像石头一般，而且皮非常厚，以至于葫芦里面没有空隙。这是我特意留下来的一只大葫芦，我想把它送给您。”

田仲听后，对屈谷说：“葫芦嫩的时候可以吃，老了不吃的时候，它最大的用途就是盛放东西。现在你的这个葫芦虽然很大，然而它不仅皮厚，没有空隙，而且坚硬得不能剖开，像这样的葫芦既不能装物，也不能盛酒，我要它有什么用处呢？”

屈谷说：“先生说得对极了，我马上把它扔掉。不过先生是否考虑过这样一个问题，您虽然是不仰仗别人而活着，但是您隐

居在此，空有满脑子的学问和浑身的本领，却对国家没有一点用处，您同我刚才说的那个葫芦不是一样吗？”

如果一个人不将自己的本领贡献给国家、社会，仅仅只是在那笑傲山林，就算他有高洁的名声，但这种处世之道实质上并不明智。到头来，他的智慧与贡献还远不及那位种田的农夫屈谷。

知识链接 ZHI SHI LIAN JIE

学以致用是指为了实际应用而学习。我们学会了写作文的理论与方法后，要多写，多练。不停的练笔才能有效地提高我们的写作水平，同学们不要偷懒，要多加练习哦。

字斟句酌

苏轼学写词

苏轼，宋代著名的文学家。他的诗词歌赋写得很出色，对后代有重大影响。

传说，他小时练习写文章有这样一段趣话：

10岁那年，一个早春的夜晚，和暖的东风吹拂着摇曳的细柳，溶溶的月色映照着淡淡的梅花，小苏轼向父亲请教写文章的秘诀。他的父亲苏洵是一位很有名的文学家，他看着小苏轼那稚气的样子，又看看眼前这美好的晚景，对小苏轼说："你看，轻风细柳，淡月梅花，你能在这两句中各加一个字，使得这两句更加合实景，更有韵味吗？"小苏轼想了一会儿说："前一句加个'摇'字，后一句加个'映'字，句子成为'轻风摇细柳，淡月映梅花'，行吗？"

苏洵摇了摇头说："太平淡，缺乏韵味，再看看，再想想。"

小苏轼又思考了一番，将两个字改成“舞”字和“隐”字，念道：“轻风舞细柳，淡月隐梅花。”

苏洵听了，微微点头说：“有点意思了，但还嫌平了些。”他又摸摸儿子的头说：“一定要多多观察，细细揣摩。”

苏轼看啊，想啊，吃不下饭，睡不着觉。夜间，月光透过丝丝垂柳的枝条照在地上，和风吹过，将月影筛碎了，皎洁的月光，照到盛开的梅花上，花朵在溶溶的月光下渐渐淡下去，花色与月色融为一体，消失了。这时有两个字跳到他脑中，他随口吟道“轻风扶细柳，淡月失梅花。”这个“扶”字既写出了杨柳的轻盈体态，也写出了春风的情意，把景物写活了。这个“失”字，写出了梅花月色溶在一起，分不清是花色还是月色，把诗的境界烘托了出来。

知识链接 ZHI SHI LIAN JIE

同学们，我国古代很多文学家写文章时都十分注意反复推敲，锤字炼意。钟嵘指出“一字千金”，曹雪芹“为求一字稳，捻断数茎须”，欧阳修作文“先贴于壁，时加窜定，有终篇不留一字者”。这些典型的例子说明，为了使文章更具美感，为了使语言具有高度的表现力以传情达意，作者在锤炼字辞、选择语言上，何其认真！

我们平常写作文时，很多同学都能做到详略得当，文从字顺，将自己的所见、所闻、所感表达得很清楚，可是读起来却似乎总让人感觉不那么鲜明生动，不能给人以美的享受，这是什么原因呢？我想可能很多同学都忽视了对语言的锤炼。怎样使文章的语言更美？作为小学生，可以从最基础的两点做起。

一、选词不可忽视。

我们在写作文时，要注意选择那些明了、正确、有色彩的语言，以更好地真实地表达出纷繁景物的形状、色彩、情态和人物独特的风貌，从而构成一种完美的境界。

如《红楼梦》里对大雪的描写，就非常的绝妙：“从玻璃窗内往外一看，原来不是日光，竟是一夜大雪，下将有一尺多厚，天上仍是搓棉扯絮一般。”人还未见到雪，先觉大雪耀眼夺目，竟同日光差不多。然后只用了“搓棉扯絮”四个字，那雪密风狂的景象就准确、鲜明、生动地表现出来了。《红楼梦》中对箫管笙笛之音的描写，也同为妙笔：“不一时，只听得箫管悠扬，笙笛并发。正值风清气爽之时，那乐声穿林渡水而来，自然使人神怡心旷。”“穿林渡水”用得何其绝妙！一“穿”一“渡”将那箫管笙笛之音的穿透力表现得淋漓尽致。

我们的语文课本里也不乏这样的例子。如《泉城》

一文中，对几处泉水的描写，用词也各不相同。珍珠泉的水是“涌”，以表现其泉水相对少而急；五龙潭的水是“汇注”而成，是为说明水是从几个方向流入；黑虎泉的水是“喷吐”，是强调其泉水流量多流势猛；趵突泉的水则是“冒”，因其泉水相对多而缓。都是描写泉水的流动，却用了四个不同的词语，这也可见作者对泉水流动状态的准确把握，也值得同学们细细品味。

二、选喻不可忽视。

一篇文章不能满足于平实的描述，还希望能激起人们的感情，向读者展示出美丽而富有诗意的图画。这就需要同学们运用丰富的联想，选用那些新颖而贴切的比喻。古人对花的描写便有多种比喻，如：“桃花乱落如红雨”、“乱红如雨堕窗前”、“可怜千点吴霜，寒消不尽，又相对、落梅如雨”，把落花的形态颜色描绘得惟妙惟肖，具体可感。“东厢月，一天风露，杏花如雪”，则描绘出了杏花与融融月色构成的极其融和的春夜图。而黄巢的“冲天香阵透长安，满城尽带黄金甲”一句，想象的奇特，设喻的新颖，都可谓前无古人。这句诗既写了菊花的香气冲天，又写了菊花如金甲满城，色味俱全，一反文人笔下菊花孤高绝俗、落落寡合的传统，赋予菊花以顶风傲寒，战天斗地的精神，使它从幽人高士之花成为最新最美的农民革命战士之花。正因为这样，作者笔下的菊花也就显现出一种叱咤风云、充满战斗气息的动态美。

同样以《泉城》一文中的句子为例：“这些泉有的白浪翻滚，好像银花盛开；有的晶莹剔透，好像明珠散落；有的声音洪大，听起来如虎啸狮吼；有的声音低细，听起来如秋雨潇潇。”第一、二两个分句，作者用了“好像银花盛开”和“好像明珠散落”两个比喻来绘形；第三、四两个分句，作者又用“如虎啸狮吼”和

"如秋雨潇潇"来摹声，这样同学们在读课文时，自然可以想象出泉水喷涌的种种形态和声音，从而感受到作者描绘的真切细致。

同学们，希望你们写作文时也注意选词和选喻，对作文的语言进行修饰，进行锤字炼句，相信你们也会写出很美的文章。

坚持不懈地学习

《三字经》中讲，“头悬梁，锥刺股，彼不教，自勤苦。如囊萤，如映雪，家虽贫，学不辍。如负薪，如挂角。身虽劳，犹苦卓。”头悬梁讲的是汉代孙敬的故事。《汉书》记载，“孙敬字文宝，好学，晨夕不休，及至眠睡疲寝，以强系头，悬屋梁，后为当世大儒。”意思是孙敬这个人太喜欢学习，不愿意浪费一丝一毫的光阴，用头悬梁的方法，强迫自己苦读，进而成为著名的学者。锥刺股讲的是战国苏秦的故事。苏秦，字季子，韩国人，纵横家。他读书刻苦得过度，到什么程度？睁不开眼睛的时候就用锥子狠狠地刺自己的大腿。这样刻苦地学习，知识没有不丰富的。苏秦凭借自己丰富的知识和三寸不烂之舌，游走于六国之间，说服六国联盟成一个合纵，苏秦担任了合纵长。他一人配得六国相印，担任六个国家的宰相，成就了一番轰轰烈烈的大业。囊萤讲的是车胤的故事。车胤，晋朝人，小时候家境贫寒，买不起灯油。为了读书，他把萤火虫装在透明的丝绸口袋里，借助荧光，照明读书。车胤的学识因此突飞猛进，与日俱增，后成为著名学者。映雪讲的是孙康的故事。孙康，和车胤一样，晋朝人，家境也很贫寒，买不起灯油，拾点人家扔掉的旧书自学。白天抽时间苦读一点，晚上就默背白天读的东西。有一天夜里，他睡不着，起来开门发现外边下了一场大雪，白雪皑皑，闪闪发光。他便映着大雪反射出来的微弱之光读起书来。负薪讲的是汉朝朱买臣的故事。朱买臣，字翁子，吴人。朱买臣非常喜欢读书，经常是一边挑着柴，一边读书，如痴如呆。直到50岁的时候，一个偶然的机会，被朝廷发现了这个满腹经纶的人才，遂被封为会稽太守。朱买臣一边打柴一边读书，最终学有所成，从而改变了自己的命运。这样一个发愤读书的成功典范，后来在民间演绎出很多故事。

孙敬的头悬梁，苏秦的锥刺股，并没有人教他们这样做，实在是他们自己要这样勤奋刻苦。车胤的囊萤，孙康的映雪，之所以

这样，因为家境贫寒。但他们没有因此中止学习。朱买臣的负薪，虽然身体劳累了些，却不放弃学习，在苦中，取得了卓著的成就。以上这些人，都是通过学习而有所成就的。

知识链接 ZHI SHI LIAN JIE

历史上有许许多多这样的人物，有许许多多这样的故事。他们用学习积累知识，知识使他们聪明睿智；知识使他们站得更高，看得更远；知识使他们在主观意识的自我修养方面更加完善，立人立事立己，修身齐家治国，埋头苦干，为民请命；知识使他们具有完美的人格，使他们在社会中保持了进步、进取的精神状态。可见，学习是个体的人保持进步的法宝。

一个人在历史上的作用的大小，在社会上的地位的高低，可以通过其自身掌握的知识、修养表现出来。同样，一个组织，群体、阶层、阶级、政党，在历史上能发挥多大的作用，在人类社会上占据多高的地位，也可以通过其掌握的知识表现出来。

趣味语文

趣味语文题

很多同学都觉得学习很枯燥乏味，其实啊，学习也有很多的乐趣，等待着我们去发现，尤其是语文知识的学习，我们首先要培养对语文的兴趣，让我们发自内心地爱上这个学科。有的同学一定要反驳了，刻板的知识怎么会有乐趣呢？怎么爱上呢？我说："语文其实很'活泼'啊。"不信？让我们一起来试着爱上语文吧。

一、成语对对子。（注意对仗要工整，意思要相对）

粗茶淡饭（　　　　　　）　流芳百世（　　　　　　）
井然有序（　　　　　　）　指鹿为马（　　　　　　）
固若金汤（　　　　　　）　精雕细刻（　　　　　　）
雪中送炭（　　　　　　）　伶牙俐齿（　　　　　　）

答案：山珍海味　遗臭万年　杂乱无章　点石成金　危如累卵　粗制滥造　落井下石　笨嘴拙舌

二、成语不离“舌”。

形容信口胡说（　　　　）

形容说话轻薄（　　　　）

形容能说会道（　　　　）

形容惊诧无言（　　　　）

形容不善辞令（　　　　）

形容随声附和（　　　　）

答案：妄口八舌　闲嘴淡舌　唇枪舌剑　张口结舌　笨嘴拙舌　鹦鹉学舌

三、数字俗语。

表示实实在在，不可更改时用（　　　　　　）

表示做事不考虑周到，做了再说时用（　　　　　　）

表示一样东西两人平分时用（　　　　　　）

表示某人干事麻利时用（　　　　　　）

表示差不多时用（　　　　　　）

表示某人打小算盘时用（　　　　　　）

表示归根到底时用（　　　　　　）

表示把握大时用（　　　　　　）

表示很不容易时用（　　　　　　）

表示信心十足时用（　　　　）

表示距离远时用（　　　　）

答案：一是一，二是二　一不做，二不休　二一添作五　三下五除二　八九不离十　小九九　九九归一　十有八九　九牛二虎之力　十拿九稳　十万八千里

四、下面人名各取自什么成语？

杜鹏程（　　　　）陈残云（　　　　）

王任重（　　　　）刘海粟（　　　　）

丁慧中（　　　　）甘如饴（　　　　）

焦若愚（　　　　）

答案：鹏程万里　风卷残云　任重道远　沧海一粟　秀外慧中　甘之如饴　大智若愚

五、成语填空。

（ ）服（ ）服　（ ）德（ ）德

（ ）讹（ ）讹　（ ）牙（ ）牙

（ ）老（ ）老　（ ）计（ ）计

神（ ）（ ）神　精（ ）（ ）精

痛（ ）（ ）痛　欺（ ）（ ）欺

将（ ）（ ）将　日（ ）（ ）日

答案：心服口服　以德报德　以讹传讹
以牙还牙　倚老卖老　将计就计
神乎其神　精益求精　痛定思痛
欺人自欺　将门有将　日复一日

六、宝塔诗如何读？

开

山满、

桃山杏

山好景山

来山客看山

里山僧山客山

山中山路转山崖

答案：山中山路转山崖，山客山僧山里来，山客看山山景好，山杏山桃满山开。

七、怪体诗如何读？

龙

虎虎

望

山山山

湖湖湖湖湖

海海海海

会

仙仙仙仙仙仙仙仙

万

国

州州州州州州州州州

悼

川川川川

答案：一龙二虎望三山，五湖四海会八仙，万国九州悼四川。

八、下列对联各咏的是谁？

1.一门父子三词客，千古文章四大家。（　　）

2.豪气压群雄，能使力士脱靴，贵妃捧砚；仙才媲美，不让参军俊逸，开府清新。（　　）

3.玉帐深宵悲骏马，楚歌四面促红妆。（　　）

4.四面湖山归眼底，万家忧乐到心头。（　　）

答案：1.“三苏”　2.李白　3.项羽　4.范仲淹

九、你知道下面的惯用语是什么吗？

1.把在团体中起主导的人喻为（　　）
2.把足智多谋的人喻为（　　）
3.把接待宾客的当地主人喻为（　　）
4.把公堂台阶下受审的囚犯喻为（　　）
5.把吝啬钱财、一毛不拔的人喻为（　　）
6.把浑浑噩噩、不明事理的人喻为（　　）
7.把世故圆滑的人喻为（　　）
8.把没有专业知识的外行人喻为（　　）
9.把技艺不精、勉强凑合的人喻为（　　）

答案：　主心骨　智多星　东道主　阶下囚　铁公鸡　糊涂虫　老油条　门外汉　三脚猫

十、数字猜成语：

12345609（　　）　1256789（　　）
1+2+3（　　）　333 555（　　）
3.5（　　）　5 10（　　）
9寸+1寸=1尺（　　）

答案：　七零八落　丢三落四　接二连三　三五成群　不三不四　一五一十　得寸进尺

十一、花丛觅诗

1.采______东篱下，悠然见南山。（陶渊明《饮酒》）

2.接天莲叶无穷碧，映日______别样红。（杨万里《晓出净慈寺送林子方》）

3.待到重阳日，还来就______。（孟浩然《过故人庄》）

4.小楼一夜听春雨，深巷明朝卖______。（陆游《临安春雨初霁》）

5.忽如一夜春风来，千树万树______开。（岑参《白雪歌送武判官归京》）

6.借问酒家何处有，牧童遥指______村。（杜牧《清明》）

7.沾衣欲湿______雨，吹面不寒杨柳风。（志南和尚《绝句》）

8.他年我若为青帝，报与______一处开。（黄巢《题菊花》）

9.有情______含春泪，无力______卧春枝（秦观《春日》）

10.人面不知何处去，______依旧笑春风。（崔护《题都城南庄》）

11.惟有______真国色，花开时节动京城。（刘禹锡《轻肥》）

12.颠狂柳絮随风舞，轻薄______逐水流。（杜甫《漫

兴》）

13.________院落溶溶月，柳絮池塘淡淡风。（晏殊《寓意》）

14.竹外______三两枝，春江水暖鸭先知。（苏轼《惠崇〈春江晚景〉》）

15.春色满园关不住，一枝______出墙来。（叶绍翁《游园不值》）

16.一丛梅粉褪残妆，涂抹新红上______。（王淇《春暮游小园》）

17.更无柳絮因风起，惟有______向日倾。（司马光《客中初夏》）

18.黄鹤楼中吹玉笛，江城五月落____。（李白《与史郎中聆听黄鹤楼上吹笛》）

答案：1.菊；2.荷花；3.菊花；4.杏花；5.梨花；6.杏花；7.杏花；8.桃花；9.芍药、蔷薇；10.桃花；11.牡丹；12.桃花；13.梨花；14.桃花；15.红杏；16.海棠；17.葵花；18.梅花；

十二、填数字，学古诗。

在括号内填上恰当的数字：

1.劝君更尽（　）杯酒，西出阳关无故人。（王维《送元二使安西》）

2.停车坐爱枫林晚，霜叶红于（　）月花。（杜牧《山行》）

3.谁言寸草心，报得（ ）春晖。（孟郊《游子吟》）

4.白发（ ）丈，缘愁似个长。（李白《秋浦歌》）

5.桃花潭水深（ ）尺，不及汪伦送我情。（李白《赠汪伦》）

6.南朝（ ）寺，多少楼台烟雨中。（杜牧《江南春绝句》）

7.死去元知（ ）事空，但悲不见（ ）州同。（陆游《示儿》）

8.（ ）州生气恃风雷，（ ）马齐喑究可哀。（龚自珍《杂诗》）

9.（ ）月卖新丝，（ ）月粜新谷。（聂夷中《咏田家》）

10.（ ）水护田将绿绕，（ ）山排闼送青来。（王安石《书湖阴先生壁》）

11.满面尘灰烟火色，两鬓苍苍（ ）指黑。（白居易《卖炭翁》）

12.相见时难别亦难，东风无力（ ）花残。（李商隐《无题》）

13.离离原上草，（ ）岁（ ）枯荣。（白居易《赋得古原草送别》）

14.烽火连（ ）月，家书抵（ ）金。（杜甫《春望》）

15.（ ）男邺城戍，（ ）男附书至，（ ）男新战死。（杜甫《石壕吏》）

16.黄沙（ ）战穿金甲，不斩楼兰终不还。（王昌龄《从军行》）

17.欲穷（　　）里目，更上（　　）层楼。（王之焕《登鹤雀楼》）

18.春种（　　）粒粟，秋收（　　）颗子。（　　）海无闲田，农夫犹饿死。（李绅《悯农》）

19.北斗（　　）星高，哥舒夜带刀。（无名氏《哥舒歌》）

20.忽如（　　）夜春风来，（　　）树（　　）树梨花开。（岑参《白雪歌送武判官归京》）

21.（　　）岸猿声啼不住，轻舟已过（　　）重山。（李白《早发白帝城》）

22.北风卷地白草折，胡天（　　）月即飞雪。（岑参《白雪歌送武判官归京》）

23.飞流直下（　　）尺，疑是银河落（　　）天。（李白《望庐山瀑布》）

24.（　　）岸青山相对出，孤帆（　　）片日边来。（李白《望天门山》）

25.故人西辞黄鹤楼，烟花（　　）月下扬州。（李白《黄鹤楼送孟浩然之广陵》）

26.沉舟侧畔（　　）帆过，病树前头（　　）木春。（刘禹锡《酬乐天扬州初逢席上见赠》）

27.潮平（　　）岸阔，风正（　　）帆悬。（王湾《次北固山下》）

28.（　　）道残阳铺水中，半江瑟瑟半江红。可怜（　　）月初（　　）夜，露似真珠月似弓。（白居易《暮江吟》）

29.（　　）个黄鹂鸣翠柳，（　　）行白鹭上青天。窗含西岭（　　）秋雪，门泊东吴（　　）里船。（杜甫《绝句》）

30. 碧玉妆成（　　）树高，（　　）条垂下绿丝绦。不知细叶谁裁出，（　　）月春风似剪刀。（贺知章《咏柳》）

答案：

1. 一
2. 二
3. 三
4. 三千
5. 千
6. 四百八十
7. 万、九
8. 九、万
9. 二、五
10. 一、两
11. 十
12. 百
13. 一、一
14. 三、万
15. 三、一、二
16. 百
17. 千、一
18. 一、万、四
19. 七
20. 一、千、万
21. 两、万
22. 八
23. 三千、九
24. 两、一
25. 三
26. 千、万
27. 两、一
28. 一、九、三
29. 两、一、千、万
30. 一、万、二

趣味语文15篇

“东道国”的由来

“东道国”是由“东道主”一词演变而来的。春秋时期，秦晋围郑，郑派烛之武劝

秦退军。烛之武对秦穆公说：“秦如果不灭掉郑国，而叫它成为东方道上的主人，秦国使者来来往往，缺少的资材食用由郑来供应，这对您也没有什么害处。”秦从其言撤军。郑在秦的东方，故称东方道上的主人。后来，“东道主”便成了一个固定的名词，泛指居停之所的主人或以酒食请客的人，其方位的含义便不复存在了。

“东道国”就是以主人的身份接待他国国宾的国家，或在国际活动中处于聚会居停之所和主办其事的国家。

“马虎”的来历

人们都喜欢用“马虎”来形容某人办事草率或粗心大意，殊不知在这个俗语的背后，原来有一个血泪斑斑的故事。

宋代时京城有一个画家，作画往往随心所欲，令人搞不清他画的究竟是什么。一次，他刚画好一个虎头，碰上有人来请他画马，他就随手在虎头后画上马的身子。来人问他画的是马还是虎，他答：“马马虎虎！”来人不要，他便将画挂在厅堂。大儿子见了问他画里是什么，他说是虎，次儿子问他却说是马。

不久，大儿子外出打猎时，把人家的马当老虎射死了，画家不得不给马主赔钱。他的小儿子外出碰上老虎，却以为是马想去骑，结果被老虎活活咬死了。画家悲痛万分，把画烧了，还写了一首诗自责：“马虎图，马虎图，似马又似虎，长子依图射死马，次子依图喂了虎。草堂焚毁马虎图，奉劝诸君莫学吾。”

诗虽然算不上好诗，但这教训实在太深刻了，从此，“马虎”这个词就流传开了。

“枇杷并非此琵琶”

从前，有个纨绔子弟，自幼好吃懒做，不好好念书。长大以后，常因写错别字闹笑话。

有一天他妻子说想吃枇杷。他从桌子上随手拿出一张纸，挥笔在上面写了几个字。写完后便招呼仆人去买枇杷。他妻子接过纸来一看，扑哧一声笑了。原来上面写的是“买琵琶五斤”。五个字写错了两个，将“枇杷”误写成“琵琶”。他妻子看过后，在后面题了一首打油诗：

枇杷并非此琵琶，
只怪当年识字差。
倘若琵琶能结果，
满城箫鼓尽飞花。

这个纨绔子弟看过妻子的题诗，羞了个大红脸。

“枇杷”和“琵琶”读音相同，都读pípá，是同音词。但“枇杷”是一种水果，而“琵琶”则是一种弦乐器，意义和写

法完全不同。

将“枇杷”误写成“琵琶”，属于同音误写而造成别字。写别字的危害性是很大的。因为别字既然是将甲字误写成乙字，就有引起误解的可能。试想，如果仆人买回一把五斤重的琵琶来，岂不闹出更大的笑话。

汉字是表意文字。多数汉字的字形、字音、字义之间是有一定内在联系的。如：“枇”、“杷”、“琵”、“琶”都是形声字。“杷”和“琶”有相同的声旁“巴”，所以“枇”和“琵”读音相同，“杷”和“琶”读音相同。“枇杷”二字的形旁是“木”，表示和树木有关，“枇杷”指一种果树或这种树上结的果实。“琵琶”二字的形旁一样，表示两块玉石互相撞击，玉石撞击会发出美妙悦耳的声音，“琵琶”是一种乐器，能弹奏出悦耳的音响。

错评咏花诗

唐朝元和十二年（817）春末，白居易与16位朋友结伴游江西庐山，写了不少诗，其中有一首是《大林寺桃花》：

人间四月芳菲尽，
山寺桃花始盛开。
长恨春归无觅处，
不知转入此中来！

有一天，宋代著名的科学家、文学家沈括读了这首诗，非常惊讶，带着讥讽的口吻评论道："既然'四月芳菲尽'了，怎么会'桃花始盛开'呢？大诗人也写出这样自相矛盾的句子，可谓'智者千虑，必有一失'呀！"说完，他也就把这事给忘掉了。

想不到有一年春夏之交的季节，他到一座山上考察，见到了白居易诗中的奇景：四月天气，山下众花凋谢，山顶上却是桃花红艳，猛然想起白居易的诗来，才领悟到自己错怪了大诗人，也从中发现了高度对季节的影响：由于山上气温低，春

季到来要晚于山下。

后来，他又找来白居易的诗读，发现前面有一篇序，序中写道：“（大林寺）山高地深，时节绝晚，于时孟夏月，如正二月天，梨桃始华（花），涧草犹短。人物风候，与平地聚落不同。”沈括读了，很有感慨地说：“都怪我读书不细，经验太少啊！”

有一天，苏东坡去拜访宰相王安石，碰巧王安石不在家。他看到王安石的书房案上有一首咏菊的诗。这首诗没有写完，只写了两句：

西风昨夜过园林，
吹落黄花满地金。

苏东坡心想：堂堂宰相，怎么会作出这样的诗？——“西风”是秋风，“黄花”是菊花，而菊花敢于和秋霜鏖战，是能耐寒的，说西风“吹落黄花”就已不对了，而且还吹得“满地金”，落了一地，岂不大错特错？于是，他提笔续了两句：

秋英不比春花落，
说与诗人仔细吟。

写完，苏东坡就走了。

后来，苏东坡被贬到黄州，任团练副使，在黄州住了近一年。这年秋天，到了重九时节，连日大风。一天，风声停息以后，苏东坡邀请好友陈季常到后园赏菊。

谁知到后园一看，只见菊花纷纷落英，满地铺金。这时，他猛然想起一年前给王安石续诗的事情，不禁目瞪口呆，好半天说不出话来，悔悟到是自己错了。

古诗中的“炼字”艺术例说

古人写诗，十分讲究炼字，常是“吟安一个字，捻断数茎须”、“两句三年得，一吟双泪流”。下面就古诗的“炼字”艺术作一点简要介绍。

1.一字传情。

用凝练的文字表达丰富的意思。如“不知何处吹芦管，一夜征人尽望乡。”（李益《夜上受降城闻笛》）尽：都。着一“尽”字，写出了征人思乡的人数之多，伫立盼望的时间之长。

2.以动衬静。

如“明月松间照，清泉石上流。”（王维《山居秋暝》）前一句写诗人所见：朗照的秋月，在松林间仿佛过了滤似的，分外皎洁，投下了斑驳陆离的光影，境界显得更加

宁静。后一句写诗人所闻：山泉格外清澈明净，它在山石上潺潺流淌，似乎还能听到它的叮咚的流水声。用清泉流淌反衬“空山”的清幽。

3.化静为动。

如“春风又绿江南岸，明月何时照我还。”（王安石《泊船瓜洲》）这个“绿”字写出了春风的气势、力量和作用，境界开阔，色彩鲜明，给人以春意盎然，生机勃勃的美感。

4.以动写静。

如“沙上并禽池上瞑，云破月来花弄影。”（张先《天仙子》）月本是相对静止的，但因为有了云的飘动，将“月”也写得动起来了。着一“破”字，写出明月冲破云层的动感。“花”本也是相对静止的，但着一“弄”字，便将它写得摇曳多姿起来。“弄”字意在点明：从云缝中探出头来的月亮，把月光洒在娇花上，像给娇花蒙上了一层轻柔的白纱，晚风轻轻地撩拨着含羞带娇的花。花在月光的映照下摆弄着娇羞柔美的倩影。“破”、“弄”两词，将云、月、花三种景物都人格化了，富有生命感。

5.以实显虚。

以有形显无形。如“绿杨烟外晓寒轻，红杏枝头春意闹。”（宋祁《木兰花》）

“春意”是只可感知，不可听闻的。春天来了，红色的杏花挤满枝头，诗人就在这幅春景图上着一“闹”字，用拟人手法，把它写活了。这一“闹”字既是绘景，又是写情，它不仅描绘了杏花盛开的艳丽景色，还写出了在春风吹拂下，杏枝摇曳，花儿微动的活泼神情。

6.以乐衬哀。

如“感时花溅泪，恨别鸟惊心。”（杜甫《春望》）鸟语花香，本是令人赏心悦目的景色，花鸟本是娱人之物，但因感时恨别，却使诗人见了反而泪落心惊。这样以乐景衬哀情，就使哀情更哀了。

7. 一语显旨。

如“暖风熏得游人醉，直把杭州作汴洲。”（林升《题临安邸》）这两句表面上是说那些宴乐西湖流连光景的游人，陶醉于香风而逍遥自得。实际上这一“醉”字表明了那些忘怀故国的可耻嘴脸。这些人不但志气丧失，甚至连骨气也没有了。凝聚了作者的感慨和激愤。

“炼字”的方法是多种多样的，目的是选择最恰当的字眼来表情达意，鉴赏时须根据诗意仔细琢磨体会，体会诗人的“炼字”艺术。

“海外赤子”的由来

“海外赤子”，现已成为我国旅居海外同胞的一个美称。此词语如何而来？

“赤子”本指婴儿。《尚书·康诰》：“若保赤子，惟民其康乂。”《疏》中：“子生赤色，故言赤子。”《孟子·离娄下》中有：“大人者，不失其赤子之心者也。”“赤子”还引申为子民百姓，最早见于《汉书·龚遂传》中“故使陛下赤子，盗弄陛下之兵于潢池中耳。”

唐朝贞观年间，唐太宗殿试射箭比赛。大臣们劝道：“人们张弓挟矢立在殿前，距离陛下如此之近，万一有狂妄无知之徒暗中向您发射，您又没有戒备，可大大伤害社稷啊！”唐太宗答道：“王者视四海为一家，封域之内，皆朕赤子，朕一一推心置其腹中，奈何宿卫之士亦加猜忌乎！”据此话，人们便从中引出“海内赤子”一语。而“海外赤子”，则是从“海内赤子”转换演变而来。后来“海外赤子”被海外侨胞用以表达他们热爱祖国、向往祖国的赤诚之心。

巧改标点自传

美国著名社会心理学家巴尔肯在一次宴会上提议，每人用最简捷的语言写出一篇“自传”，行文用句要短甚至可以作为死后刻在墓碑上的墓志铭。于是，在场的人冥思苦想，提笔作文。

不久，一位年轻人交给巴尔肯一篇只有三个标点符号的自传：

一个破折号“——”，一个感叹号“！”和一个句号“。”。

巴尔肯问他这三个标点符号表示什么意思，年轻人回答道：“一阵横冲直撞；落了个伤心自叹；到头来只好完蛋。”

巴尔肯望着那位年轻人凄然的神色，沉思了片刻，提笔在这篇“自传”的下边有力地又写了三个标点符号：

一个顿号“、”，一个删节号“……”和一个大问号“？”。

巴尔肯用鼓励的口吻对那位自暴自弃的青年说：“青年时期是人生一小站；道路漫长，希望无边；岂不闻‘浪子回头金不换’？”

书屋趣话

古今不少文人学者喜欢给自己的书屋（又称书斋）命名，以表明志向，寄托情怀，或自警自勉。这些饶有情趣的室名，给人以有益的启示。

陋室　这是唐代诗人刘禹锡的居室兼书房名。诗人曾专门写了篇脍炙人口的《陋室铭》，以描绘自己书斋的简陋，表现自己高洁的志行和安贫乐道的情趣。

老学庵　这是南宋爱国诗人陆游晚年的书屋名称。此名表达了诗人活到老，学到老，生命不息，学而不止的精神。

七录斋　明朝著名文学家张溥，年幼时酷爱读书，凡是所读的书必定亲手抄写，诵读数遍后烧掉，然后再抄，再读，再烧，这样反复六七次，因此他给自己的书房取名

“七录斋”。

聊斋　相传，清初著名文学家蒲松龄常设烟、茶在路边，过路人只需到此讲讲故事、传闻，或聊聊天，便可免费享用。一旦听到有用的“材料”，蒲松龄就回去整理成文，因此他取书屋名为“聊斋”。

瓶水斋　清代诗人舒位的诗作很有成就，可他非常谦逊，把自己的知识和创作成就比作大海中的一瓶水，所以命名自己的书斋为“瓶水斋”。

北望斋　著名作家张恨水，在抗日战争中欣闻平型关大捷，看到了中国反侵略的希望，命屋名为“北望斋”，寄托他对中国共产党的希望和对故乡的怀念。

梦草斋　上海作家谢冰心在学生时代，读了许多中国古典名著，对爱打抱不平、落草为王的“绿林好汉”十分敬慕，于是她把自己的书屋起名为“梦草斋”。

四步斋　上海作家赵丽宏1988年喜得新居，书房只有四步之长，却也自得其乐，因而命名为“四步斋”。

积微居　语言学家杨树达曾说：“小是

大的基础，大是小的发展；多是少的结果，少是多的积蓄。学问是一点一滴积累而来的。”因此，他给书屋取名为“积微居”。

马虎居　社会学家邓伟志的居室取名为“马虎居”，其一是他的生肖是马，妻属虎；其二是他提倡生活上简单、马虎一点。

泥土巢　擅长农村题材的著名作家浩然，给自己在河北三河县居住的农家小院取名为“泥土巢”，表明了他长期扎根农村的决心和对农村的热爱。

静虚村　这是作家贾平凹的居室名。他说：“我刚从山里搬到西安时，住城北新村，地方虽小，却很安静，我就取名‘静虚村’。静是心静，虚是心宽，包容大”。

“露马脚”一词溯源

在日常生活中，有些不想让人知的事，尤其是那些弄巧成拙的事一旦败露，人们就会说是露了“马脚”。何谓“马脚”？“马脚”者，马氏之脚也。这里有个典故。

相传，布衣出身的朱元璋，自小家境贫寒，当过牛倌，做过和尚，所以，在选择终身伴侣时，与一位同样平民出身的马姑娘结了婚。这位马姑娘长着一双未经缠过的“天足”，这在当时是一大忌。朱元璋当了皇帝以后，仍念马氏辅佐有功，将她封为明朝的第一位皇后。

“龙恩”虽重，宁居后宫的马氏却为脚大而深感不安，在人前从不敢将脚伸出裙外。一天，马氏忽然游兴大发，乘坐大轿走上金陵的街头。有些大胆者悄悄瞅上两眼，正巧一阵大风将轿帘掀起一角，马氏搁在踏板上的两只大脚赫然入目。于是一传十，十传百，顿时轰动了整个金陵。从此，“马脚”一词也随之流传于后世。

文章妙批

古时一考生为文，援引了《诗经》中“昧昧我思之”句，却误写成了“妹妹我思之”。考官便批道：“哥哥你错了！”

李鸿章一亲戚参加考试，但这位仁兄胸无点墨，便欲仰仗李鸿章的权势得到优待。于是，他在考卷上写道：“我是中堂大人的亲□。”欲写“戚”，无奈搜索枯肠，就是想不起“戚”如何写，最后写成“妻”字。为此，考官批曰：“所以我不敢娶！”

以上两例，考官充分利用了同音字的特点，故意将错就错，收到了委婉、幽默的批评效果。

据说有位学生滥用“而”字，其师便在其文章评语中写道：“当而而不而，不当而而而。而今而后，已而已而。”

教师针对学生滥用“而”字的情况，将“而”字的多种用法集中对照，既批评了学生，又在批评中传授了知识，实在巧妙。

一学生作文，词不达意，且下笔千言，

离题万里。其师戏评道："两个黄鹂鸣翠柳——不知所云，一行白鹭上青天——离题万里。"

又一学生作文，喋喋不休，滔滔不绝，但有用的话极少。其师仿《敕勒歌》，批曰："篇苍苍，字茫茫，风吹草低见四行。"

作文不能扣题，说话水分太多，这都是应坚决铲除的毛病；批语或直接引用古诗句，或化用古诗句，语言生动形象，也易于学生记忆，既批评了学生作文的毛病，又有利于指导他们的作文实践，可谓"一箭双雕"。

某学生写好论文后，请其导师提意见，导师提笔写道："请看《圣经》第十一章三十五节。"学生急忙翻开《圣经》，找到导师指出的那一节，只见上面写着："耶稣在哭泣。"

导师的批语是充满趣味、智慧的批评，他的批评转了两个弯：一是借《圣经》的话作评语，二是耶稣为何哭泣，学生自可去作种种猜测和联想，从而明白其导师的真正意思。

某生在作文簿发下后，见老师在文末批曰："请看《前出师表》最后一句。"他暗自得意，以为自己的文章可与诸葛亮相比，赶快去查看，原来是"不知所云"四字。

这位高明的教师，采用了一种高明的批评方式，既切中肯綮、一针见血，又含而不露、发人深省。

徐文长以奇猎客

明朝万历年间，绍兴城里新开了一家点心店，徐文长常常光顾。一次，店主央求他给写一块招牌，徐文长一挥而就，并嘱咐店主不得改动。谁知招牌一挂出来，立刻门庭若市，原来大名鼎鼎的徐文长竟然把“心”字中心的一点没有写，绍兴城的人都来看热闹，点心店的生意也就格外兴隆。

可是名声卖出去以后，店主就开始偷工减料，点心的质量每况愈下，生意也就渐渐不景气了。一天，一个顾客对店主说：“‘心’缺一点还叫‘心’吗？难怪生意不好！”店主于是用黑漆在“心”中间补了一点，可生意却并未好转，反而更加萧条了，店主摸不透个中奥妙，来请教徐文长。

徐文长说：“‘心’无一点，引人注目，又使人有空腹的感觉，来吃点心的人就多。加上一点，变成了个实心肚子，谁还要来吃？做生意不可过分贪心。现在你把‘心’上那个黑点改成红的，生意还会兴隆。”

店主恍然大悟，照办了，果然灵验。

晏殊巧逢“燕归来”

一次，宋代词人晏殊来到维杨，住在大明寺中。他转来看去，忽然发现墙上有一首诗写得很好，可惜没有作者的姓名。晏殊跑进跑出，问个不停，终于打听到这首诗的作者名叫王琪，家就在大明寺附近。由于晏殊从诗句中发现王琪文学修养较高，很会写诗，所以，他立即决定要把王琪请来，一同探讨诗文。

王琪来了以后，发现晏殊善于赏诗论文，态度还很谦虚；晏殊见王琪性格开朗，言谈投机，又请王琪入席用餐。二人边吃边谈，心情特别舒畅。饭后，又一同到池边游玩。晏殊望着晚春落花，随口说道：“我想了个诗句写在墙上，已经想了一年，还是对不出来。”

那个句子是：无可奈何花落去。

王琪思索了一下，不慌不忙地对道：似曾相识燕归来。

这一对句不但在词面上对得切合时宜，很有特点，而且在含义上使二人的思想感情如挚友重逢，一见如故。这怎能不使人格外高兴？因此，晏殊一听，急忙称好。后来，晏殊把这一对句用到《浣溪沙》词和一首七律诗中，得到了人们的好评。

一字千金

传说，唐朝文学家王勃到南昌，赶上都督阎伯舆的宴会，一气呵成写成《滕王阁序》。最后写了序诗：

闲云潭影日悠悠，

物换星移几度秋。

阁中帝子今何在？

槛外长江　自流。

最后一句空了一个字不写，将序文呈上就上马走了。在座的人看到这里，有人猜是“水”字，有人猜是“独”字，阎伯舆都觉得不对，派人去追回王勃，请他补上。

赶到驿馆，王勃的随从对来人说：“我家主人吩咐了，一字千金，不能再随便写了。”阎伯舆知道后，说道：“人才难得。”便包好千两银子，亲自率领文人们到驿馆来见王勃。

王勃接过银子，故作惊讶地问：“我不是把字都写全了吗？”大家都说：“那里是个空（kòng）字呀！”王勃说：“对呀！是‘空’（kōng）字，‘槛外长江空自流’嘛！”

大家听了都连称：“绝妙！奇才！”

中秋节的传说

相传，远古的时候，天上出现了十个太阳，烤得大地冒烟，海水枯竭，老百姓眼看无法再生活下去。这件事惊动了一个叫后羿的英雄，他登上昆仑山顶，运足神力，拉开神弓，一口气射下了九个多余的太阳，解救百姓于水火之中。不久，后羿娶了个美丽的妻子，叫嫦娥。

一天，后羿到昆仑山访友求道，巧遇由此经过的王母娘娘，便向王母娘娘求得一包不死药，据说服下此药，能即刻升天成仙，然而，后羿舍不得扔下妻子，只好将不死药交给嫦娥珍藏。

不料，此事被后羿的门客蓬蒙看见，蓬蒙等后羿外出后便威逼嫦娥交出不死药，嫦娥知道不是蓬蒙的对手，危急之时当机立断，取出不死药一口吞了下去。嫦娥吞下药后，身体立刻飞离地面，向天上飞去，由于嫦娥牵挂丈夫，便飞落到离人间最近的月亮上成了仙。

后羿回来后，侍女们哭诉了一切。悲痛欲绝的后羿，仰望夜空呼唤爱妻的名字，这时，他惊奇地发现，今天晚上的月亮特别圆，格外皎洁明亮，而且有个晃动的身影酷似嫦娥。后羿忙命人摆上香案，放上嫦娥最爱吃的蜜食鲜果，遥祭在月宫里的嫦娥。百姓们闻知嫦娥奔月成仙的消息后，纷纷在月下摆上香案，向善良的嫦娥祈求吉祥平安。从此，中秋节拜月的风俗便在民间传开了。

周瑜与诸葛亮对诗趣闻

三国时代，周瑜嫉妒孔明的才能，总想加害孔明。有一天想出了一条妙计，设宴相请，并以对诗为名进行加害。孔明早已觉察周瑜的心意，便故意说：“谁输了就砍谁的头。”周瑜暗自大喜，忙说：“君子无戏言，戏言非君子。”

鲁肃见他俩击掌为定，急得出了一身冷汗，埋怨孔明聪明一生，糊涂一时，轻易地入了圈套。而孔明假装不知，泰然自若，反拉着鲁肃的手说：“子敬也算一个。”

周瑜见孔明中计，十分高兴，首先出诗一首：“有水也是溪，无水也是奚。去掉溪边水，加鸟便是鷄，得志猫儿雄过虎，落毛凤凰不如鷄。”

孔明听了，心中暗想，自己身为蜀国军师，今日落入周瑜之手，便立即吟诗以对曰：“有木也是棋，无木也是其。去掉棋边木，加欠便是欺。龙游浅水遭虾戏，虎落平阳被犬欺。”

周瑜闻言大怒，鲁肃早已留意这场龙虎

斗，见周都督意欲爆发，急忙劝解道：“有水也是湘，无水也是相。去掉湘边水，加雨便是霜，各人自扫门前雪，莫管他人瓦上霜。”

风波平息了，周瑜怒气未消，他更换内容，又吟诗一首：“有目也是眲，无目也是丑。去掉眲边目，加女便是妞，隆中女子生得丑，百里难挑一个妞。”

孔明见周瑜奚落自己的夫人，也就毫不客气反唇相讥，遂吟诵道：“有木也是桥，无木也是乔。去掉桥边木，加女便是娇。江东美女数二乔，难护铜雀不锁娇。”

孔明的嘲讽，激得周瑜怒火万丈，暴跳如雷，暗令伏兵团团围住，孔明毫不惊慌，稳如泰山。鲁肃立即上前劝阻：“都督息怒！我有一诗奉献，‘有木也是槽，无木也是曹。去掉槽边木，加米便是糟。今日这事在破曹，龙虎相残大事糟。’”

鲁肃以诗指点，周瑜恍然大悟，遂喝退刀斧手，与孔明共议破曹妙计，做出了后来流传千古的火烧赤壁的大事业。

名人名言

世界十大文豪及其名言

一、荷马（约公元前9～前8世纪），古希腊诗人，是到处行吟的盲歌者。生于小亚细亚。相传著名史诗《伊利亚特》和《奥德赛》为他所作。

1．“谁经历的苦难多，谁懂得的东西也就多”。

2．青春会逝去；爱情会枯萎；友谊的绿叶也会凋零。而一个母亲内心的希望比它们都要长久。

3．人类的历史代代相传，像树叶一样，不断更新。

4．呵，青春！你永远是可亲可爱的。

5．对人来说，不幸要比幸福多两倍。

6．劳动是人类的命运。

7．决定问题，需要智慧，贯彻执行时则需要耐心。

二、但丁（1265～1321），意大利诗人。生于没落的贵族家庭。1302年因反对皇权被放逐终身。早期抒情诗集《新生》歌颂理想中的爱人，表达对美好时光的渴望。代表作《神曲》。作品还有《帝制论》、《俗语论》、《宴会》、《书信集》等。

1．世界上有一种最美丽的声音，那便是母亲的呼唤。

2．通向荣誉的路上，并不铺满鲜花。

3．最聪明的人是最不愿浪费时间的人。

4．道德常常能填补智慧的缺陷，而智慧却往往填补不了道德的缺陷。

5．生活于愿望之中而没有希望，是人生最大的悲哀。

6．一个人愈知道时间的价值，愈感觉失时的痛苦呀！

7．别人后退，我不退；别人前进，我更进。要攀登这座山的人，起初在下部是艰难的，越上升越没有痛苦，最后就和坐着顺流而下的小船一样。

8．一个人坐在绒毯之上，困在绸被之

下，绝对不会成名的；无声无息度一生，好比空中烟，水面泡，他在地球上的痕迹顷刻就消灭了。

9．人不能像走兽那样活着，应该追求知识和美德。

10．语言作为工具，对于我们之重要，正如骏马对骑士的重要。最好的骏马适合于最好的骑士，最好的语言适合于最好的思想。

三、莎士比亚（1564~1616），英国文艺复兴时期戏剧家、诗人。主要剧作有喜剧《仲夏夜之梦》、《威尼斯商人》和悲剧《罗密欧和朱丽叶》、《哈姆雷特》等。

1．简洁是智慧的灵魂，冗长是肤浅的藻饰。

2．春光不自留，莫怪东风恶。

3．无论一个人的天赋如何优异，外表或内心如何美好，也必须在他的德性的光辉照耀到他人身上发生了热力，再由感受他的热力的人把那热力反射到自己身上的时候，才能体会到他本身的价值。

4．人生苦短，若虚度年华，则短暂的人生就太长了。

5．点燃了的火炬不是为了火炬本身，就像我们的美德应该超过自己照亮别人，否则等于没用。

6. 你自己和你所有的一切，倘不拿出来贡献于人世，仅仅一个人独善其身，那实在是一种浪费。

7. 书籍是全世界的营养品。生活里没有书籍，就好像没有阳光；智慧里没有书籍，就好像鸟儿没有翅膀。

8. 时间会刺破青春表面的彩饰，会在美人的额上掘深沟浅槽；会吃掉稀世之珍！天生丽质，什么都逃不过他那横扫的镰刀。

四、歌德（1749～1832），德国诗人、剧作家、思想家。代表作有诗剧《浮世德》。

1. “从母亲那里，我得到的是幸福和讲故事的快乐。”

2. 忘掉今天的人将被明天忘掉。

3. 你若要喜爱你自己的价值，你就得给世界创造价值。

4. 读一本好书，就是和许多高尚的人谈话。

5. 把时间用得节省些，我很可能把最珍贵的金刚石拿到手。

6. 劳动可以使我们摆脱三大灾祸：寂寞、恶习、贫困。

7. 只要我们能善用时间，就永远不愁时

间不够用。

8．谁若游戏人生，他就一事无成；谁不能主宰自己，永远是一个奴隶。

9．人生一世不就是为了化短暂的事物为永久的吗？要做到这一步，就须懂得如何珍视这短暂和永久。

10．如果这是一株玫瑰——它总会开花的。

11．光有知识是不够的，还应当运用；光有愿望是不够的，还应当行动。

12．只有伟大的人格，才有伟大的风格。

13．幻想是诗人的翅膀，假设是科学的天梯。

14．一个人的礼貌，就是一面照出他的肖像的镜子。

15．才能可以在独处中培养，品格最好还是在世界上的汹涌波涛中形成。

五、拜伦（1788～1824），英国浪漫主义诗人，出身贵族。代表作有长诗《唐璜》。

1．逆境是达到真理的一条通路。

2．不爱自己国家的人，什么也不会爱。

3．青年人满身都是精力，正如春天的河

水那样丰富。

4．乐观的人永葆青春。

5．没有方法能使时针为我敲已过去了的钟点。

6．百日莫空过，青春不再来。

六、雨果（1802～1885），法国作家。生于军官家庭。作品有剧本《克伦威尔》、长篇小说《巴黎圣母院》《悲惨世界》。

1．慈母的胳膊是由爱构成的，孩子睡在里面怎能不香甜？

2．善良既是历史中稀有的珍珠，善良的人便几乎优于伟大的人。

3．被人揭下面具是一种失败，自已揭下面具却是一种胜利。

4．书籍是朋友，虽然没有热情，但是非常忠实。

5．坚强、稀有的性格便是这样创造出来的：苦难，经常是后娘，有时却也是慈母；困苦能孕育灵魂和精神的力量；灾难是傲骨的奶娘；祸患是豪杰的好乳汁。

6．谁虚度年华，青春就要褪色，生命就会抛弃他们。

七、泰戈尔（1861～1941），印度作

家、诗人和社会活动家。诗集《新月集》等和许多中、短篇小说。1913年获诺贝尔文学奖。

1．真理之川，从它的错误之沟渠中流过。

2．月儿把她的光明遍照在天上，却留着她的黑斑给自己。

3．如果把所有的错误都关在门外的话，真理也要被关在门外了。

4．我宁愿要那种虽然看不见但表现出内在品质的美。

5．要是童年的日子能重新回来，那我一定不再浪费光阴，我要把每分每秒都用来读书！

6．你若爱她，让你的爱像阳光一样包围她，并且给她自由。

7．一个人的青春时期一过，就会出现像秋天一样的优美的成熟时期。这时，生命的果实像熟稻子似的在美丽的平静的气氛中等待收获。

8．夜把花悄悄地开放了，却让白日去领受谢词。

9．任何事物都无法抗拒吞食一切的时间。

10．花朵以芬芳熏香了空气，但它的最终任务，是把自己献给你。

11．果实的事业是尊贵的，花的事业是甜美的；但是让我做叶的事业吧，叶是谦逊地、专心地垂着绿荫的。

12．时间是变化的财富。时钟模仿它，却只有变化而无财富。

13．有些事情是不能等待的。假如你必须战斗或者在市场上取得最有利的地位，你就不能不冲锋、奔跑和大步行进。

14．信仰是个鸟儿，黎明还是黝黑时，就触着曙光而讴歌了。

15．要使生如夏花之绚烂，死如秋叶之静美。

16．错误经不起失败，但是真理却不怕失败。

17．你可以从外表的美来评论一朵花或

一只蝴蝶，但你不能这样来评论一个人。

18．我更需要的是给予，不是收受。因为爱是一个流浪者，它能使花朵在道旁的泥土里蓬勃焕发，却不容易叫它们在会客室的水晶瓶里尽情开放。

八、列夫·托尔斯泰（1861～1910），俄国文学巨匠。作品有长篇小说《战争与和平》、《安娜·卡列尼娜》、《复活》等。

1．天才的十分之一是灵感，十分之九是血汗。

2．没有智慧的头脑，就像没有蜡烛的灯笼。

3．理想的书籍，是智慧的钥匙。

4．理想是指路明灯。没有理想就没有坚定的方向；没有方向就没有生活。

5．人生不是一种享乐，而一桩十分沉重的工作。

6．记住吧：只有一个时间是重要的，那就是现在！它所以重要，就是因为它是我们有所作为的时间。

7．一个有良知而纯洁的人，觉得人生是一件甜美而快乐的事。

九、高尔基（1868～1936），俄国无产阶级文学的奠基人。作品有长篇小说《母亲》、自传体三部曲《童年》、《在人间》、《我的大学》。

1．没有不可认识的东西，我们只能说还有尚未被认识的东西。

2．天才就是劳动，人的天赋就像火花，它可以熄灭，也可以燃烧起来，而逼它燃烧成熊熊大火的方法只有一个，就是劳动再劳动。

3．一个人追求的目标越高，他的才力就发展得越快，对社会就越有益。我确信这也是一个真理。

4．要热爱书，它会使你的生活轻松；它会友爱地来帮助你了解纷繁复杂的思想情感和事件；它会教导你尊重别人和你自己；它以热爱世界热爱人类的情感来鼓舞智慧和心灵。

5．时间是最公开合理的，它从不多给谁，勤劳者能叫时间留下串串的果实，懒惰者时间给予他们一头白发，两手空空。

6．热爱书吧——这是知识的泉源！只有知识才是有用的，只有它才能够使我们在精神上成为坚强忠诚和有理智的人，成为能够真正爱人类，尊重人类劳动衷心地欣赏人类那不间断的伟大劳动所产生的美好果实的人。

7. 真正的朋友，在你获得成功的时候，为你高兴，而不捧场。在你遇到不幸或悲伤的时候，会给你及时的支持和鼓励。在你有缺点可能犯错误的时候，会给你正确的批评和帮助。

8. 书籍使我变成了一个幸福的人，使我的生活变成轻快而舒适，好像新生活的钟声在我的生活鸣响了。

9. 如果你在任何时候，任何地方，你一生中留给人们的都是些美好的东西——鲜花、思想，以及对你的非常美好的回忆——那你的生活将会轻松而愉快。那时你就会感到所有的人都需要你，这种感觉使你成为一个心灵丰富的人。你要知道，给予永远比索取愉快。

十、鲁迅（1881～1936），中国现代伟大的文学家、思想家和革命家。原名周树人，字豫才，浙江绍兴人。著有白话小说《狂人日记》。1918年到1926年间陆续创作出版了《呐喊》、《坟》、《热风》、《彷徨》、《野草》、《朝花夕拾》、《华盖集》、《华盖集续编》等专集。

1. 哪里有天才？我是把别人喝咖啡的工夫都用在工作上的。

2. “不耻最后”。即使慢，驰而不息，

纵令落后纵令失败，但一定可以达到他所向的目标。

3．只看一个人的著作，结果是不大好的，你就得不到多方面的优点。必须如蜜蜂一样，采过许多花，这才能酿出蜜来，倘若叮在一处，所得就非常有限，枯燥了。

4．让别人过得舒服些，自己没有幸福不要紧，看到别人得到幸福，生活也是舒服的。

5．时间就像海绵里的水，只要愿挤，总还是有的。

6．文人作文，农人掘锄，本是平平常常的，若照相之际，文人偏要装做粗人，玩什么“荷锄带笠图”；农夫则在柳下捧一本书，装作“深柳读书图”之类，就要令人肉麻。

试卷中常见名言名句集锦

1．如切如磋，如琢如磨。（《诗经·卫风·淇奥》）

2．言者无罪，闻者足戒。（《诗经·大序》）

3．它山之石，可以攻玉。（《诗经·小雅·鹤鸣》）

4．投我以桃，报之以李。（《诗经·大雅·抑》）

5．靡不有初，鲜克有终。（《诗经·大雅·荡》）

6．长太息以掩涕兮，哀民生之多艰。（屈原《离骚》）

7．红雨随心翻作浪，青山着意化为桥。（毛泽东《七律·送瘟神》）

8．牢骚太盛防肠断，风物长宜放眼量。（毛泽东《七律·和柳亚子先生》）

9．尺有所短，寸有所长。（《楚辞·卜居》）

10．亦余心之所善兮，虽九死其犹未悔。（《楚辞·离骚》）

11．其曲弥高，其和弥寡。（宋玉《对楚王问》）

12．满招损，谦受益。（《尚书》）

13．欲加之罪，其无辞乎（何患无辞）。（《左传·僖公十年》）

14．人非圣贤，孰能无过？过而能改，善莫大焉。（《左传》）

15．辅车相依，唇亡齿寒。（《左传·僖公五年》）

16．武夫力而拘诸原，妇人暂而免诸国。（《左传·僖公三十二年至三十三年》）

17．前事不忘，后事之师。（《战国策·赵策》）

18．见兔而顾犬，未为晚也；亡羊而补牢，犹未迟也。（《战国策·楚策》）

19．一万年太久，只争朝夕。（毛泽东《满江红·和郭沫若同志》）

20．千里之行，始于足下。（《老子·六十四章》）

21．祸兮福之所倚，福兮祸之所伏。（《老子·五十八章》）

22．天网恢恢，疏而不漏。（《老子·七十三章》）

23．知人者智，自知者明。（《老子》）

24．物以类聚，人以群分。（《易经》）

25．工欲善其事，必先利其器。（《论语·卫灵公》）

26．往者不可谏，来者犹可追。（《论语·微子》）

27．己所不欲，勿施于人。（《论语·颜渊》）

28．三军可夺帅也，匹夫不可夺志也。（《论语·子罕》）

29．学而不思则罔，思而不学则殆。（《论语·为政》）

30．学而不厌，诲人不倦。（《论语·述而》）

31．君子坦荡荡，小人常戚戚。（《论语·述而》）

32．人无远虑，必有近忧。（《论语·卫灵公》）

33．言必信，行必果。（《论语·子路》）

34．与朋友交，言而有信。（《论语·学而》）

35．有则改之，无则加勉。（《论语》）

36．是可忍，孰不可忍。（《论语·八佾》）

37．敏而好学，不耻下问。（《论语·公冶长》）

38．吾生也有涯，而知也无涯。（《庄子·养生主》）

39．十年树木，百年树人。（《管子·权修》）

40．橘生淮南则为橘，生于淮北则为枳。（《宴子春秋》）

41．穷则独善其身，达则兼济天下。（《孟子·尽心上》）

42．天时不如地利，地利不如人和。（《孟子·公孙丑》）

43．民为贵，社稷次之，君为轻。（《孟子·尽心上》）

44．尽信书，不如无书。（《孟子·尽心下》）

45．生，亦我所欲也；义，亦我所欲也；二者不可是得兼，舍生而取义者也。（《孟子·鱼我所欲也》）

46．锲而舍之，朽木不折；锲而不舍，金石可镂。（《荀子·劝学》）

47．蓬生麻中，不扶而直；白沙在涅，与之俱黑。（《荀子·劝学》）

48．千里之堤，溃于蚁穴。（《韩非

子·喻老》）

49．流水不腐，户枢不蠹。（《吕氏春秋·尽数》）

50．独学而无友，则孤陋而寡闻。（《礼记·杂记》）

51．一张一弛，文武之道。（《礼记·杂记下》）

52．玉不琢，不成器；人不学，不知义。（《礼记·学记》）

53．凡事预则立，不预则废。（《礼记·中庸》）

54．临渊羡鱼，不如退而结网。（《淮南子》）

55．塞翁失马，焉知非福。（《淮南子》）

56．失之毫厘，谬以千里。（《史记·太史公自序》）

57．桃李不言，下自成蹊。（《史记·李将军列传》）

58．智者千虑，必有一失，愚者千虑，必有一得。（《史记·淮阴侯列传》）

59．良药苦口利于病，忠言逆耳利于行。（《史记》）

60．项庄舞剑，意在沛公。（《史记·项羽本记》）

61．大行不顾细谨，大礼不辞小让。（《史记·项羽本记》）

62．人为刀俎，我为鱼肉。（《史记·项羽本记》）

63．不鸣则已，一鸣惊人。（《史记·滑稽列传》）

64．金猴奋起千钧棒，玉宇澄清万里埃。（毛泽东《七律·和郭沫若同志》）

65．绳锯木断，水滴石穿。（班固《汉书》）传》）